ULLA NEDEBOCK

STARKE KINDER BRAUCHEN REGELN

Klare Grenzen – entspannte Familie
Mit kleinen Veränderungen viel bewirken

Empfohlen von:

Akademie für Kindergarten, Kita und Hort

humboldt

INHALT

DANKSAGUNG

Mehrere Experten haben mit hilfreichen Tipps aus der Praxis dazu beigetragen, dass dieses Elternbuch Sie bei der Erziehung Ihrer Kinder unterstützt.

Maria Fatelnig-Winter
Pädagogin und Leiterin der bilingualen Vorschule der Internationalen Deutschen Schule Brüssel (IDSB), Brüssel

Andrea Kube M.A.
Leiterin der Evangelischen Familien-Bildungsstätte Wetterau, Master-Facilitator TugendProjekt (Int. Virtues Project), www.andrea-kube.de

Beatrice Schulz
Diplom-Psychologin und Familientherapeutin, Berlin

Dr. Michael Weeber
Kinderarzt, Waldkirch

VORWORT

Haben Sie auch so ganz normale Kinder? Solche, die manchmal vergessen, dass man drinnen nicht Fußball spielen soll und die ihre Socken nach dem Ausziehen einfach fallen lassen? Die Tomaten nur als Soße essen und abends nicht gerne Zähne putzen? Dann herzlichen Glückwunsch!

Kinder zu haben gehört meiner Meinung nach mit zum Besten, was einem im Leben passieren kann. An manchen Tagen jedoch lastet die Verantwortung zentnerschwer auf den Schultern. Man fühlt sich in der Rolle der Meckerziege und „bösen Mama“ absolut nicht wohl, obwohl man doch eigentlich nur versucht, endlich einmal konsequent zu sein. Abends nimmt man sich vor, beim nächsten Mal nicht laut zu werden, sondern freundlich und ruhig mit dem Kind umzugehen. Und trotzdem passiert es.

Es ist so schwer, liebevoll zu sein, wenn das Kind scheinbar keinen Respekt zeigt. Aber muss sich das immer wiederholen? Das Kind macht irgendetwas, das es nicht soll, man wird ärgerlich, das Kind protestiert, man droht, das Kind weint und schreit, man ist enttäuscht, wütend, frustriert, erschöpft – oder alles auf einmal. Die schlechte Nachricht ist: Ja, vom Krabbelalter bis zum Erwachsenenalter wird es solche Situationen immer wieder geben, weil es schlichtweg zur Entwicklung dazu gehört. Die gute Nachricht ist: Wir Eltern haben die Möglichkeit, die Anlässe für Streit und Tränen zu reduzieren und wir können uns Strategien zurechtlegen, anders mit Konflikten umzugehen. Die Frage ist doch: Wie reagieren wir? Welche Grundhaltung vertreten wir? Was wollen wir erreichen? Wir alle wollen unseren Job als Eltern gut machen, richtig gut. Zum Glück sind wir mit unseren Sorgen nicht alleine.

Die große Auswahl an Elternkursen und Büchern über Kindererziehung spiegelt das Bedürfnis vieler Eltern nach Hilfe und Sicherheit. Nach etwas, das ihnen den Rücken stärkt, wenn sie sich fragen, ob sie auf dem richtigen Weg sind. Nach etwas, das ihnen die Verantwortung für die Erziehung nicht als bedrückende und schwierige Aufgabe erscheinen lässt. Nach etwas, woran sie sich halten können im unkalkulierbaren Familienalltag. Nach etwas, das ihnen Unvollkommenheit zugesteht und sie über sich selbst lachen lässt. Nach etwas, das sie entlastet, sodass am Ende das herauskommt, was für alle – Eltern und Kinder – gut ist.

Ich selbst hätte mir in schwierigen Zeiten eine Art „Werkzeugkoffer" gewünscht oder ein Rezept. Nun ja, wir wissen alle, dass es das nicht gibt. Kinder sind keine Maschinen, an denen man herumschrauben kann, und bei Rezepten entscheiden in erster Linie die Zutaten. Doch selbst bei Beachtung der Zutaten kommt nicht immer etwas Gutes dabei heraus. Dazu sind Kinder viel zu verschieden. Zum Glück! Jedes Kind für sich ist einzigartig und besonders.

Was es wohl gibt, sind bestimmte Strategien, mit denen das Elternleben einfacher und das Erziehen effektiver wird. Diese Strategien möchte ich Ihnen in diesem Buch ans Herz legen. Sie sind alltagstauglich, auch in stressigen Situationen umsetzbar und führen zu schnellen und spürbaren Ergebnissen. Mit wenigen Veränderungen kann man viel für die Familienatmosphäre tun. Die Beispielgeschichten im ersten Teil des Buches illustrieren das an typischen Alltagssituationen mit Kindergartenkindern. Im zweiten Teil geht es darum, sich über die eigenen Vorstellungen von Erziehung klar zu werden und das Baum-Modell für eine starke Familie genauer kennenzulernen. Der Baum hat Wurzeln, nämlich klare Wertvorstellungen für die Erziehung, den Stamm, eine am Alltag orientierte Strategie, um Konflikte auf andere Art zu lösen und Stärken zu fördern, und Zweige – praktische Familienregeln mit logischen Folgen.

Ich muss Sie allerdings warnen: Dieses Buch kann Nebenwirkungen haben. Es könnte sein, dass Sie an Ihrer Einstellung zum Thema Erziehung etwas ändern müssen – und an sich selbst. Jetzt legen Sie das Buch nicht gleich weg – so schlimm wird es nicht. Im Gegenteil: Sie werden feststellen, dass Ihr Familienleben entspannter und fröhlicher wird. Sie müssen nicht mehr dauernd das Gleiche sagen, Sie werden weniger schimpfen, keifen oder schreien und endlich, endlich hört auch mal jemand zu. Wie alle Mütter und Väter besitzen Sie einen großen Fundus an Stärken und Fähigkeiten, und oft geht es nur darum, diese besser für die Erziehung der Kinder zu nutzen. Die erfreulichste Nebenwirkung werden Sie selbst spüren: Mutter und Vater zu sein fühlt sich leichter an.

Das klingt nach Machbarkeit. Ja, Kinder gut zu erziehen ist machbar. Aber es liegt in der Natur der Sache, dass im Familienleben nichts bleibt, wie es war. Was gestern noch gar kein Problem war, kann heute einen Wutanfall auslösen. Was gestern in Ordnung war, kann heute für Verärgerung sorgen. Von uns als Eltern wird viel Anpassungsvermögen verlangt. So bleibt die Erziehung unserer Kinder eine ständige Herausforderung. Sie ist machbar, gut machbar, doch leicht wird es nie sein.

Da Ihre Kinder, außer mit Ihnen und vielleicht einigen Verwandten, die meiste Zeit mit Erzieherinnen und den anderen Kindern im Kindergarten verbringen, drehen sich mehrere Beispiele um diese Welt, die so einen großen Anteil am Leben von Vorschulkindern hat. Und deswegen finden sich in diesem Buch immer wieder Kästen mit der Überschrift: „Hand in Hand mit dem Kindergarten". Erzieherinnen sind meist die ersten Ansprechpartner, wenn es um Probleme mit den Kindern geht. Von ihrer Erfahrung hofft man zu profitieren. Dem habe ich in diesem Ratgeber Rechnung getragen, denn wer sonst macht so vielfältige Erfahrungen mit kleinen und schon etwas größeren Kindern und ihren Besonderheiten? Ebenso sind die Kästen

„Bewährte Tipps von Eltern“ zu verstehen. In ihnen sind Erfahrungen anderer Mütter und Väter versammelt, von denen alle profitieren können.

Noch einige kurze Anmerkungen: Wenn hier von „Mutter“ oder „Vater“ die Rede ist, steht das stellvertretend für die wichtigsten Bezugspersonen. Das kann selbstverständlich auch die Oma oder jemand anders sein. Ebenso sind „Kindergarten“ oder „Kindertagesstätte“ in diesem Buch austauschbar, und mit dem Begriff „Erzieherin“ sind natürlich auch die (leider zu wenigen) „Erzieher“ gemeint.

Ulla Nedebock

ÜBER MICH

Seit fast zwanzig Jahren mache ich täglich den Spagat zwischen Kindererziehung, Kinderbeglückung, selbstständiger Arbeit mit Termindruck, Ehefrau, Haushalt, Garten, Kindertaxi- und Einkaufsfahrten und der Versorgung diverser eigensinniger Hühner, Meerschweinchen und Kaninchen. Überdies sind wir mit unseren drei Kindern häufig umgezogen, und die Familie sollte der Hafen sein, in dem alle wieder Kraft tanken konnten. Ich wollte auch gerne so eine Mutter wie in der „Toffifee"-Werbung sein, die glücklich mit Mann und Kinderschar in einem aufgeräumten Wohnzimmer auf einem hell bezogenen Sofa ohne Schokoflecken sitzt und scheinbar sonst nichts zu tun hat.

In Wirklichkeit aber hat mich das Thema Kindererziehung immer wieder an mir zweifeln lassen. Und auch wenn ich vom heutigen Standpunkt aus sagen würde, dass wir als Familie eigentlich alles ganz gut hingekriegt haben, bin ich davor selbst heute nicht gefeit. Geholfen haben mir immer Gespräche mit Freunden, meinem Mann, Profis wie Erzieherinnen und Familientherapeuten sowie Menschen, die in Familienbildungsstätten oder ähnlichen Institutionen arbeiten. Diese Jahre haben Spuren hinterlassen, die nur Eltern an sich entdecken: Beim Abendessen in der Pizzeria schiebe ich die Rotweingläser zum Befremden unserer kinderlosen Freunde in die Mitte des Tisches, damit keiner sie umwirft – auch wenn die Kinder heute zu Hause geblieben sind. Ich habe ein fantastisches Gehör entwickelt – war es meine neue Lidschattenpalette oder die Dose mit den Haarklammern meiner Tochter, die gerade so laut gescheppert hat? Mein schlechtes Gewissen nagt an mir, wenn ich die Fußgängerampel bei Rot überquere, selbst wenn es drei Uhr nachts und weit und breit kein Mensch zu sehen ist.

Während meine eigenen Kinder heranwuchsen, durfte ich als Kursleiterin in Mutter-Kind-Kursen zur musikalischen Früherziehung miterleben, wie verschieden Eltern mit ihren Kindern umgehen, und wie unterschiedlich Kinder sich entwickeln. Dort war immer Raum und Zeit für die Sorgen der Mütter und Väter. Zunehmend habe ich an wissenschaftlichen Seminaren und Kongressen über Kindesentwicklung und Förderung von Begabungen teilgenommen und mich zum Thema Erziehung und Bildung weitergebildet. Überdies haben Familientherapeuten und Psychologen ihr Wissen mit mir geteilt, und nicht zuletzt haben mir viele Mütter und Väter, die ganz selbstverständlich „ihren Job machen", ihre persönlichen, bewährten Tipps anvertraut.

Im Laufe der Jahre habe ich erkannt, wie es gehen kann, dieses Kindererziehen. So, dass die Abende, an denen man unzufrieden auf dem Sofa sitzt, weil man doch eigentlich konsequent sein wollte, es aber irgendwie nicht geschafft hat, nur noch selten vorkommen. So, dass Kinder und Eltern ihre Familie trotz aller notwendigen Konflikte als etwas Wertvolles schätzen und es genießen, von diesem sicheren Hafen aus die Welt zu erkunden.

Nachdem ich in den letzten Jahren zwei Elternratgeber zur Entwicklung, individuellen Förderung und der Eltern-Kind-Bindung bei Babys und Kleinkindern veröffentlicht habe, möchte ich Ihnen nun diesen Elternratgeber für Kinder bis ins Vorschulalter ans Herz legen, damit Sie die Zeit mit Ihren Kindern noch mehr genießen können. Den Grundstein dafür, nämlich eine starke Eltern-Kind-Bindung, haben Sie bestimmt schon in den ersten Lebensjahren gelegt. Wissenschaftliche Ergebnisse aus unterschiedlichen Fachgebieten – in letzter Zeit auch aus der Gehirnforschung – zeigen eindeutig, wie wichtig Nähe und Geborgenheit von Anfang an sind. Die meisten Entwicklungspsychologen sind sich zudem darüber einig, dass sich ein Erziehungsstil, bei dem Mutter und Vater führen und zugleich begleiten, für die Persönlichkeitsentwicklung und Charakterformung bewährt. In so einer Familie aufzuwachsen ist eine gute Basis für ein glückliches Leben.

Uns allen liegt das Schicksal unserer Kinder am Herzen. Es soll ihnen gut gehen, jetzt und später. Ich wünsche Ihnen und Ihren Kindern, dass Sie einen guten Weg zusammen gehen.

ELTERN SEIN HEISST ERZIEHEN – ERZIEHEN HEISST ELTERN SEIN

Wir geben unseren Kindern Wärme und Geborgenheit, wir schenken ihnen Liebe im Überfluss. Das müssen wir nicht lernen, sondern wir tun es einfach. Und wie ist das mit der Erziehung? Wir wollen ja so viel für unser Kind: Glück, Erfolg, eine runde Persönlichkeit, gute Charakterstärken, Gesundheit ... Da gerät man leicht in die Perfektionismusfalle.

Wenn Sie dieses Buch gekauft haben, weil Sie Kinder zu erziehen in höchstem Maße anstrengend finden, gehören Sie damit zur Mehrheit der Eltern in Deutschland. Drei Viertel der deutschen Mütter sagen, dass sie sehr hohe Anforderungen an sich stellen und dass sie mit sich als Mutter häufig oder gelegentlich unzufrieden sind. Bei den Männern glauben zwei Drittel, dass sie ihrer Vaterrolle nicht gut genug gerecht werden. Hetze und Zeitdruck im Alltag werden zwar als sehr belastend empfunden, aber viel mehr Druck scheint von der langen Liste an Anforderungen im Kopf zu kommen, was angeblich eine „gute Mutter“ und einen „guten Vater“ ausmacht. Geborgenheit wollen Eltern vermitteln, ein Vorbild sein, die Kinder sollen optimal gefördert werden – und sie wünschen sich mehr Gelassenheit.

Dieser Ratgeber will Eltern entlasten. Wir alle machen Fehler, auch bei der Kindererziehung. Da führt kein Weg daran vorbei. Schauen wir also lieber nach vorne, als uns zu zermalmen. Es gilt, den bestmöglichen Zustand anzustreben, aber nicht den perfekten. Es reicht vollkommen aus, wenn wir es schaffen, möglichst wenig falsch zu machen, und uns vornehmen, gelassener mit unseren Fehlern umzugehen und manches in Zukunft anders zu machen.

Wo sonst im Leben gibt es das: Ein völlig hilfloses kleines Wesen wird einem von heute auf morgen anvertraut. Es gibt kein Bewerbungsverfahren, keinen Eignungstest, in dem wir geprüft werden, ob wir uns als Eltern für dieses kleine Wesen eignen. Und tatsächlich haben wir ja zunächst nicht viel mehr vorzuweisen als sehr viel Liebe und eine Portion Bauchgefühl. „Learning by doing" ist die Devise. Manch einer hat vielleicht das Glück gehabt, in einer großen Familie aufgewachsen zu sein, in der er miterleben und beobachten konnte, wie man mit so einem kleinen Menschen umgeht, was Umsorgen und Erziehen ist. Andere haben ihre Freunde beobachtet, wie sie mit der Herausforderung „Kind" umgegangen sind, dies bewundert, manchmal kritisiert und gestaunt. Doch egal, woher wir kommen, wenn ein Kind in unser Leben tritt, müssen wir uns selbst bis zu einem gewissen Grad neu erfinden. Die Rolle der Mutter und die Rolle des Vaters sind zunächst einmal neu und müssen gefüllt werden. Und jeder findet dabei seinen ganz persönlichen Stil.

Regeln und Respekt hängen zusammen

Es läuft immer darauf hinaus: Ohne gegenseitigen Respekt gibt es kein gutes Familienleben. Es gilt, respektvoll mit den eigenen Kindern umzugehen und gleichzeitig den nötigen Respekt von den Kindern einzufordern. Dafür bieten Familienregeln einen ausgezeichneten Rahmen. Kinder wissen, woran sie sind, und können sich in diesem Rahmen frei bewegen und ausprobieren. Aus Familienregeln erwachsen Gewohnheiten, über die man gar nicht mehr nachdenken muss. So muss man nicht täglich alles wieder neu verbieten, erlauben, ausdiskutieren oder ausfechten. Familienregeln und Grenzen geben Halt, Sicherheit und Orientierung, denn sie beruhen auf einem an Werten orientierten Leben. Mütter und Väter haben diese Werte bereits verinnerlicht, auch wenn sie sich dessen nicht bewusst sind. Kinder müssen dieses imaginäre Netz an Werten erst noch knüpfen.

Damit solche Regeln und damit zusammenhängende Grenzen von den Kindern akzeptiert werden, ist der erste Schritt, die eigene Rolle anzunehmen. Sie sind die Mutter oder der Vater. Sie wünschen sich von Ihren Kindern, respektiert zu werden. Das setzt voraus, dass Eltern sich auch wie Eltern benehmen. Kinder brauchen mehr als Geborgenheit und Liebe, nämlich auch Führung und Begleitung. Wenn Eltern sich wie Eltern benehmen, heißt das eben auch, dass sie diejenigen sind, die Grenzen setzen, die Regeln vorgeben und darauf achtgeben, dass diese eingehalten werden. Wenn man das mit einem liebevollen Blick auf das Kind und freundlich, aber fest macht, ist das die beste Voraussetzung dafür, dass Erziehung gelingt.

Der liebevolle Blick auf das Kind – warum ist er so wichtig? Damit man sieht, was das Kind schon mitbringt und was es noch braucht. Welche Charakterstärken und Fähigkeiten es bereits besitzt und bei welchen es noch die Unterstützung der Eltern braucht. Damit man nicht an den Besonderheiten der Kinder „vorbei erzieht“, sondern sie respektiert.

Das Ruder in die Hand nehmen

In diesem Buch verwende ich immer wieder das Bild des Segelboots. Es schwimmt mal in ruhiger, mal in stürmischer See, aber Sie als Eltern halten das Ruder in der Hand und wissen, wohin sie wollen. In sehr stressigen Zeiten hilft es, sich dieses Bild vor Augen zu führen und sich bewusst zu fragen: Was ist in diesem Sturm jetzt nötig? Wie halte ich das Ruder ruhig in der Hand?

Freuen Sie sich darauf, dass Sie langfristig mit Familienregeln seltener Nein sagen müssen. Zugegeben, das klingt paradox. Aber Familienregeln konzentrieren sich nicht auf das Negative, sondern auf das Positive, auf die bessere Lösung. Sie machen klare Vorgaben und vermitteln Orientierung. Familienregeln sind Teil des Baum-Modells, so wie auch die gestärkte Haltung, die Ermutigung, die Wertschätzung und ein neues Konfliktmanagement in fünf Schritten. Das alles zusammen sind Hilfestellungen, mit denen Sie den Familienalltag weniger stressig und für alle Beteiligten angenehmer und zufriedenstellender gestalten können. Sie als Eltern werden gelassener mit Ärger und Streit umgehen, es wird insgesamt weniger Konflikte geben – vor allem weniger von den ständig wiederkehrenden Konflikten –, und das Verhältnis zwischen Ihnen und Ihren Kindern wird entspannter, freudvoller und näher. Die Familienatmosphäre wird sich durch gegenseitigen Respekt und ein tiefes Zusammengehörigkeitsgefühl auszeichnen.

„Richtig" erziehen?

Gibt es ein Richtig oder Falsch beim Erziehen der eigenen Kinder? Ja, ganz klar, es gibt Maßnahmen, die falsch sind und dem Kind schaden. Schlagen, treten, verletzen, Grobheiten hinterlassen Narben für sein ganzes Leben. Und das gilt nicht nur für körperliche Gewalt. Seelische Grausamkeit hat ebenfalls fürchterliche Auswirkungen auf die Entwicklung eines Kindes. Was man im Kindesalter erlebt, wird einen auch im Erwachsenenalter begleiten. Hierüber sind sich die allermeisten Eltern bewusst, und dennoch kommt es im Alltag, unter Zeitdruck und in stressigen, belastenden Zeiten manchmal zu Verhaltensweisen oder Situationen, die man später bereut. Damit sich das nicht wiederholt, gilt es neue Wege im Umgang mit Konflikten zu finden. Anstelle von Selbstvorwürfen, was Sie denn in der Vergangenheit meinen, alles falsch gemacht zu haben, lassen Sie uns doch lieber überlegen, wie Sie in Zukunft reagieren wollen.

Nun werden Sie denken: „Sag ich doch! Ich muss also versuchen, alles richtig zu machen. Ich will ja, dass mein Kind glücklich wird, dass aus ihm ein selbstständiger, erfolgreicher und zufriedener erwachsener Mensch wird, der neugierig durchs Leben geht. Also, wie mache ich das richtig?“

Darauf gibt es nur eine Antwort: Alles richtig zu machen geht nicht. Verabschieden wir uns endlich von dem Gedanken, dass wir nur alles richtig machen und im Griff haben müssen, und dann wird es schon klappen. Nein, von unserer Erziehungsarbeit hängt es nicht allein ab. Es gibt noch eine Menge anderer Faktoren, die beim Großwerden eine Rolle spielen: Erbanlagen, die Wochenenden bei Oma und Opa, die Erzieherin, der neue Kindergartenfreund und vieles mehr. Was aus einem Kind einmal wird, liegt wirklich nicht nur in unseren Händen. Äußere Einflüsse können (und sollten) wir nicht immer steuern. Ganz bestimmt gehört auch eine gehörige Portion Glück dazu. Aber das, was wir tun können, nämlich da zu sein, zu begleiten, in den Arm zu nehmen, zu erziehen, sollten wir auch tun.

Das Ziel im Blick behalten

Es geht hier nicht darum, völlig konfliktfrei zu leben. Das will niemand, und schon gar nicht Kinder. Sie brauchen die Reibung, wollen Grenzen spüren, übertreten, zurückgeholt werden und hören, wenn sie zu weit gegangen sind. Das glauben Sie nicht? Ihrer Erfahrung nach sind Kinder am glücklichsten, wenn sie nicht eingeschränkt werden in ihren Freiheiten? Wenn ihnen keiner sagt, was sie tun oder lassen sollen? Es stimmt natürlich: Keiner sagt Sätze wie „Das ist echt toll, dass ich am Zebrastreifen warten darf“, „Danke, Mama, dass ich den Hund nicht am Schwanz ziehen soll“, „Super, Papa, dass ich nur eine halbe Stunde am Tag fernsehen darf“ oder „Das habe ich mir schon immer gewünscht, die Jacke an den Haken zu hängen.“ Wenn Ihr Kind jemals etwas in der Art sagen sollte, dann suchen Sie sich bitte professionelle Hilfe.

Interessanterweise empfinden Jugendliche in der Pubertät – obwohl sie ja in dieser Entwicklungsphase vehement um mehr Eigenständigkeit und Freiheiten kämpfen – es als Mangel an Interesse und liebevollen Kümmerns, wenn Eltern sie überhaupt nicht einschränken und keine Vorschriften machen, beispielsweise wann sie abends zu Hause sein sollen. „Ich bin meinen Eltern egal“ ist das vorherrschende Gefühl. Jüngere Kinder sind natürlich noch nicht in der Lage, so reflektiert darüber zu sprechen wie Jugendliche in der Pubertät. Sie verlangen mit anderen Mitteln danach, Aufmerksamkeit und Begrenzung zu bekommen. Kindern Liebe zu zeigen ist nun mal nicht das Gleiche wie Kindern uneingeschränkte Freiheiten zu geben.

Mit Liebe und Verstand Grenzen setzen

Liebe zu Kindern äußert sich auch darin, dass man sie führt und begleitet. Besonders in Krisenzeiten ist unsere Bereitschaft groß, etwas dafür zu tun, die familiäre Situation zu verbessern. Doch wenn man sich dabei nicht klarmacht, welche langfristigen Ziele – oder Werte – man damit verfolgt, bleibt man in den meisten Fällen in den Anfängen stecken. Nachher gibt man sich leicht damit zufrieden, dass es „einigermaßen gut läuft“, und ist froh, gut durch die Woche zu kommen. Das geht solange gut, bis sich die Situation wiederholt und man wieder zum Handeln gezwungen ist.

Damit man nicht in die alten Muster verfällt, gibt es in diesem Buch Checkkästen. Sie helfen Ihnen, Ihre Gedanken und Vorstellungen über Kindererziehung zu ordnen. Dabei werden Sie sich zunehmend klarer darüber, welche wiederkehrenden Konflikte Ihre Familie belasten, wie Sie sich möglicherweise in einen Teufelskreis hineinmanövriert haben und wie Sie das ändern können. Wie eine Strategie, die Sie sich mithilfe der Checkkästen überlegt haben, dazu führt, dass Sie aus einer wiederkehrenden Konfliktsituation aussteigen und neue Wege gehen können. Überdies helfen Ihnen die Checkkästen, sich bewusst zu machen, warum Sie überhaupt erziehen, welche Werte Ihnen persönlich wichtig sind und wie Familienregeln Sie wirkungsvoll unterstützen können. Das ist ein Stück Arbeit, bildet jedoch langfristig ein sinnvolles Fundament für den Familienalltag. Was man wie und wann tut, basiert darauf. Jeder wird seine ganz persönlichen Antworten auf die Fragen finden, und so individuell wird der Erziehungsstil gefärbt sein. In jedem Fall werden Sie eine klare innere Haltung gewinnen, die Ihnen Sicherheit gibt.

Vielleicht machen Ihnen diese Aussichten Lust, etwas Neues auszuprobieren. Sie können sicher sein, dass Sie weniger das Gefühl haben werden, durch unruhige See zu steuern. Wer dagegen von heftigen Windböen hierhin und dorthin getrieben wird, wer von Stürmen – etwa rabiaten Wutanfällen des Kindes – überrascht wird, tut sich schwerer.

Ich möchte an dieser Stelle noch mal eines klarstellen: Es gibt mit unseren Kindern immer wieder Phasen, in denen wir uns hilflos fühlen, keine Lösung mehr sehen und meinen, niemand verstehe unser Problem. Das fühlt sich dann an wie nach einem fürchterlichen Sturm. Davor kann uns auch der beste Erziehungsratgeber nicht bewahren. Nehmen wir uns trotzdem vor, dann das Ruder nicht abzugeben und das Ziel nicht aus den Augen zu verlieren. Es steht nicht alles in unserer Macht – aber wir machen unseren Job.

WAS STRESS MACHT

Im Alltag mit Kindergartenkindern gibt es eine Menge Situationen, die praktisch in allen Familien vorkommen und Stoff für Konflikte bieten. Sehr häufig wiederholen sie sich, zum Leidwesen der Eltern. Das Baum-Modell hilft, aus eingefahrenen Verhaltensmustern auszusteigen und neue, tragfähige Lösungen zu finden.

Wenn Menschen Eltern werden, lernen sie an sich Seiten kennen, von denen sie keine Ahnung hatten. Hätten Sie früher geglaubt, dass Sie morgens entnervt Ihr Kind anbrüllen würden, weil ihm das Marmeladenbrot auf den Boden gefallen ist? Hätten Sie gedacht, dass Sie ungeduldig in der Tür stehen und mit dem Schlüsselbund klappern würden, weil Ihr Kind immer noch nicht den zweiten Schuh angezogen hat? Hätten Sie erwartet, dass Sie Sätze sagen würden, wie: „Ich hab's doch gleich gesagt!", „Hab ich's nicht geahnt?", „Das war ja klar!", „Du nervst!"? So etwas wollten Sie nie sagen! Und doch rutscht es heraus.

Wunschziel: glückliche Familie

Dabei lieben wir Eltern unsere Kinder, auch wenn wir solche Sätze zu ihnen sagen, die wir nie sagen wollten. Doch Hetze und Stress siegen im Alltag häufig über unsere guten Vorsätze. Eigentlich wollen wir doch nur, dass alle glücklich sind und dass es irgendwie funktioniert. Das heißt nicht, dass sich jedes Familienmitglied wie ein Zahnrädchen in einer Maschine drehen soll, ohne das Recht auf Freiheiten und Veränderung. Wir wünschen uns eine funktionierende Familie im besten Sinne: Hier ist man zu Hause, hier sprechen alle die gleiche Sprache und verstehen einander. Hier findet man Verständnis, Unterstützung, Liebe, Rückhalt, Trost, Freude, aber auch konstruktiven Widerstand, Grenzen und ja, auch Streit und Wut. Konflikte werden ausgetragen und ausgehalten, und gemeinsam sucht man nach Lösungen. Das ist es, was eine starke Familie ausmacht.

Ein Wunschtraum? Ja, denn in allen, wirklich allen, Familien gibt es Zeiten, in denen eben mal nicht alles so läuft. Auch wir als Eltern müssen immer wieder lernen, uns auf neue Entwicklungsaufgaben unserer Kinder einzustellen. Das kostet Zeit und Nerven, weil Konflikte schlichtweg dazugehören. Dennoch möchte ich Sie ermutigen, diesen „Traum" anzustreben – aber bitte ohne Perfektionismus! Voraussetzung dafür ist, dass Sie sich selbst über Ihre eigenen Bedürfnisse und Wertvorstellungen im Klaren werden. Dazu gibt es in den Kapiteln „Meine Familie – was ist jetzt wichtig?" und „Familienregeln für uns" Checklisten, mit deren Hilfe Sie Ihrer Motivation, warum Sie erziehen wollen, näher kommen werden.

Viele Eltern haben ähnliche Sorgen

Doch zunächst können Sie an den Beispielen in den folgenden Kapiteln sehen, dass viele Eltern ähnliche Sorgen haben und Konflikte durchleben wie Sie. So sehr sich Kinder in ihren Anlagen und in ihrem Charakter unterscheiden, so gibt es doch immer Entwicklungsstadien und Hürden, die fast alle Kinder mit ihren Eltern gemeinsam meistern müssen. Die Beispiele wollen Ihnen Denkanstöße und Anregungen geben, aus gewohnten Verhaltensmustern auszusteigen. Im besten Falle machen Ihnen die Geschichten aus anderen Familien Mut, mithilfe anderer Strategien neue Wege in Ihrem Erziehungsalltag zu gehen. Oft ist es so, dass man selbst nicht sicher und überzeugt ist, auf dem richtigen Weg zu sein. Das bremst einen unbewusst aus und wirkt sich nachteilig auf die Glaubwürdigkeit aus. Manchmal weiß man nicht, wo man anfangen soll. Das Gefühl sagt einem, dass man etwas ändern muss, aber was und wie?

Sie werden beim Lesen der Beispiele feststellen, dass ein kleiner Schritt häufig schon eine große Verbesserung bewirkt. Eine einzige umgesetzte Familienregel bringt eine große Veränderung hin zu mehr Familienfrieden. Es geht nicht darum, alles anders zu machen, sondern wenig, aber das innerlich klar und bestimmt. Dafür ist ein Faktor unverzichtbar: Nur mit einer klaren inneren Haltung wird es gelingen, im turbulenten – ein beschönigendes Wort für chaotischen – Familienalltag so zu handeln, wie man es sich vorgenommen hat.

Schick das Baby wieder weg!

DU SOLLST DOCH NICHT ZWICKEN

Die Mutter ist im Waschkeller, als sie hört, wie der sechs Monate alte Ben oben im Wohnzimmer laut zu weinen beginnt. Gerade eben haben er und seine fünfjährige Schwester Mia noch ganz friedlich miteinander gespielt.

„Was ist denn los?“, fragt die Mutter, während sie die Treppensicherung öffnet und ins Wohnzimmer kommt.

„Ich hab gar nichts gemacht!“, sagt Mia schnell und sucht sich einen grünen Baustein.

Ben liegt auf dem Boden und weint. Die Mutter nimmt ihn auf den Arm und sieht, dass seine rechte Backe ganz rot ist und sich zwei Kerben abzeichnen.

„Mia, hast du Ben wieder gezwickt?", fragt sie streng.

„Wieso ich? Ich hab gar nichts gemacht!", wiederholt Mia, ohne aufzublicken.

In letzter Zeit ist es häufiger vorgekommen, dass Mia ihren Bruder gezwickt oder geschubst hat. Vor zwei Tagen hat die Mutter zufällig gesehen, wie die große Schwester ihrem kleinen Bruder mit dem Bobbycar über die Hand gefahren ist, auch gebissen hat sie ihn schon. Doch meist passieren solche Sachen in Momenten, in denen die Mutter gerade nicht schaut.

Mias Mutter hat Verschiedenes versucht: Sie hat gefragt, wie Mia sich wohl fühlen würde, wenn jemand ihr so wehtun würde. Sie hat Mia eine Auszeit verordnet. Sie hat sich auch in Streitereien und Beschimpfungen verwickeln lassen: „Lüg nicht! Ich hab es doch gesehen." – „Gar nicht!" – „Ich weiß wirklich nicht, was ich noch mit dir machen soll. Warum bist du nur so böse?" Sogar „Soll ich dir mal zeigen, wie weh das tut, was du da machst?" hat sie schon mit einer drohenden Ausholbewegung gebrüllt. Die Mutter ist inzwischen völlig ratlos.

Mias Mutter weiß, dass es so nicht weitergehen kann, sie möchte gegensteuern. Nur ist die Situation im Moment verfahren, und die beiden finden keinen Weg heraus. Die Mutter hatte damit gerechnet, dass es für Mia schwierig werden würde, wenn der kleine Bruder Mia „entthront". Es war zu erwarten, dass Mia sich nicht so sehr über die Anwesenheit des Babys freuen würde, wenn es erst mal da war. Aber dass es so schwierig werden würde, das hatte die Mutter nicht gedacht.

Erkennen Sie die eine oder andere Reaktion an sich wieder? Bestimmt haben Sie auch schon mal Ihr Kind beschimpft und klein gemacht, weil es jemandem anderen wehgetan hat, so sehr waren Sie außer sich. Kein Wunder, Kinder bringen einen manchmal an die Grenzen der eigenen Kraft. Da sagt man Dinge, die man nie sagen wollte. Und kurz darauf schämt man sich dafür.

Die Perspektive des Kindes einnehmen

Was könnte Mias Mutter tun? Sie könnte sich eine Strategie überlegen, wie sie selbst reagieren möchte. Dann fällt es leichter, beherrscht und eindeutig zu bleiben. Der erste Schritt ist, die Sache aus Mias Sicht zu betrachten. Warum benimmt sie sich so? Dazu muss sie Mias Gefühle respektieren, auch die schlechten. Das erstgeborene Kind hat ein Recht, das neue Baby abzulehnen und es als Störung zu empfinden. Für Mia sieht es so aus: Ben nimmt ihr die Mama weg. Egal, was er will, Mama kommt sofort angerannt und nimmt ihn auf den Arm. Ben darf sogar bei Mama und Papa im Zimmer schlafen. Und wenn Mia weint? Dann heißt es: „Du bist doch mein großes Mädchen“, „Du bist doch kein Baby mehr wie der kleine Ben.“ Mama hat Ben lieber als mich.

Wenn Mias Mutter versucht, die Gefühle ihrer Erstgeborenen zu verstehen, wird sie auch die daraus resultierenden Bedürfnisse erkennen. Mia hat alles Recht der Welt, auf diesen Störenfried eifersüchtig zu sein.

Eltern haben in dieser Situation häufig Schuldgefühle. Zum einen gegenüber dem erstgeborenen Kind, weil sie fürchten, seinen Bedürfnissen nicht gerecht zu werden, zum anderen dem neuen Baby gegenüber, weil sie es nicht vor den Übergriffen des großen Geschwisterkinds schützen können. Dazu kommt eine Mischung aus Wut, Sorge und Hilflosigkeit. Auch Scham ist dabei, denn wer gibt schon gerne zu, dass sein eigenes Kind das Baby zwickt, beißt oder auf andere Weise verletzt. Machen Sie klar: Das Gefühl „Eifersucht“ ist völlig in Ordnung, nur das Zwicken und Beißen nicht, und sagen Sie ruhig, dass Sie die Gefühle nachvollziehen können.

Es hilft, sich zunächst klarzumachen: Wir haben nichts Schlimmes getan, wir haben einfach nur noch ein Kind bekommen. Und dass dies die Welt des älteren Kindes auf den Kopf stellt, ist kein Wunder. Oft ist es gut, die Sorgen mit Freundinnen zu teilen. Wie sind andere Mütter damit umgegangen, wenn ihre Kinder gebissen, gekratzt oder gehauen haben? Hat es geholfen, das Geschwisterkind mit in die Versorgung des Säuglings miteinzubeziehen? Was hat es bewirkt, wenn man öfter Zeit nur mit dem „großen“ Kind verbracht hat?

BEWÄHRTE TIPPS VON ELTERN

In die Hocke gehen oder hinknien, jedenfalls auf Augenhöhe, dem Kind in die Augen sehen und ruhig und bestimmt sagen:

- „Ich möchte nicht, dass du deinen Bruder zwickst. Ich verstehe, dass du wütend bist, aber du darfst ihn nicht zwicken."
- „Das tut deinem Bruder weh. Ich weiß, dass du sehr freundlich und friedlich sein kannst. Was sollen wir nachher zusammen spielen?"
- „Gestern hast du deinem Bruder kein einziges Mal wehgetan. Das war gut. Ich weiß, dass du sehr freundlich sein kannst."
- „Zwicken ist verboten! Ich verstehe, dass dich das stört, wenn ich mich so viel um das Baby kümmere. Wenn ich das ... erledigt habe, machen wir etwas zusammen."

Was immer gut ist: tief durchatmen und sich sagen, dass diese anstrengende Phase vorübergehen wird. Die Eifersucht ist völlig normal.

- Keine Versprechungen machen wie „Du bekommst einen neuen Spielkameraden."
- Sich aufteilen: Mal verbringt die Mutter „Extrazeit" mit dem älteren Geschwisterkind, mal der Vater.
- Dem großen Kind ganz viel Kuschelzeit schenken, auch wenn es gerade in einer Phase mit Zwicken o. Ä. ist. Es braucht viel Zuwendung und körperliche Nähe.
- Für sich selbst gut sorgen, damit man entspannter durch den Tag kommt.
- Sich selbst nicht die Schuld dafür geben.

- Keine Floskeln wie „Sei schön lieb", „Mach ‚ei'".
- Den Übergriffen nicht zu viel Aufmerksamkeit schenken. Nicht jedes Mal einen Riesenzirkus daraus machen, sondern nur kurz und knapp darauf eingehen: „Nein, nicht wehtun."
- Zu einem späteren Zeitpunkt das Problem in Ruhe thematisieren, ohne zu richten und zu schimpfen. Bei etwas älteren Kindergartenkindern fragen: „Was denkst du? Hast du eine Idee, wie wir das alle zusammen besser hinkriegen?"
- Das ältere Kind in die Betreuung des Babys miteinbeziehen.
- Das ältere Geschwister weiterhin als Kind behandeln und nicht dauernd „vernünftiges" Verhalten erwarten. Hier regieren Gefühle, nicht die Vernunft. Das Kind braucht Verständnis für seine neue Position in der Familie.
- Die Position des älteren Kindes nicht zu sehr betonen mit „Du bist doch jetzt die Große!"

Doch wenn man das alles versucht und das Gefühl hat, man tue doch schon alles Mögliche, und trotzdem geht das Zwicken und Beißen weiter, was dann? Dann ist vielleicht einfach der Moment gekommen, loszulassen. Es gibt nun mal Phasen, da läuft es nicht gut, aber sie dauern nicht ewig an. Nicht noch einen Tipp ausprobieren und noch einen Ratschlag, sondern sich klarmachen, dass auch die schlimmste Zeit vorbeigeht. Es gibt nicht für alles eine schnelle Lösung. Natürlich reagiert man weiterhin auf das Schubsen oder Zwicken, aber kurz und sachlich, ohne Vorwürfe und große Emotionen. Mit der STAMM-Strategie heißt das: Versuchen, selbst nicht wütend zu werden, eine eindeutige „Ich möchte das nicht"-Rückmeldung geben, klar und kurz, und immer wieder loben, wenn es gut läuft. Mehr zur STAMM-Strategie lesen Sie in dem Kapitel „STAMM – in fünf Schritten Konflikte anders lösen".

Hilfe, mein Kind hilft!

MISSVERSTÄNDNIS

Während Leons Mutter im Garten Unkraut jätet, beginnt Leon im Gemüsebeet die gerade gekeimten Radieschen aus der Erde zu ziehen. Er legt eins nach dem anderen ordentlich auf ein Häufchen. Bis die Mutter das bemerkt, ist die Hälfte herausgerissen.

„Leon", ruft die Mutter entsetzt und rennt zu ihm.

„Oh nein! Das kann ja wohl nicht wahr sein."

Leon schaut seine Mutter erschrocken an.

Seine Mutter sieht das. Kopfschüttelnd und lächelnd zugleich nimmt sie ihn auf den Arm.

„Du wolltest mir helfen, oder?"

Zaghaft nickt der Junge.

„Das ist eigentlich ganz lieb von dir, aber das hier sind Radieschen. Die habe ich extra ausgesät und die sollen noch wachsen, verstehst du?"

Wieder nickt Leon zaghaft.

Möchtest du mir da drüben beim Unkraut jäten helfen? Das wäre toll! Ich zeige dir, was wir rausziehen müssen."

Leon reibt sich die Tränen mit den kleinen Dreckhänden aus dem Gesicht und lächelt wieder. Gemeinsam machen sich die beiden an die Arbeit.

Jedem begegnen mit den eigenen Kindern ähnliche Situationen. Sei es beim Ausräumen der Spülmaschine – eine Tasse rutscht aus der Hand und geht kaputt – oder beim Gemüseschneiden – das Kind hantiert auf einmal mit dem größten Messer, das sich in der Küchenschublade findet. Im ersten Reflex neigt man dazu, aufgeregt zu schimpfen. Etwa: „Oje, lass mal, dann mache ich es lieber selbst" oder „Ja, sag mal, gab's kein größeres Messer?"

Den Schaden abwägen

Beim Kind kommt dann nur an: Mama oder Papa trauen mir nichts zu. Da Ihnen sicher viel daran liegt, dass Ihr Kind ein starkes Selbstvertrauen entwickelt, überlegen Sie in solchen Momenten kurz. Erstens: Ist etwas wirklich Schlimmes passiert oder wird gleich etwas wirklich Schlimmes passieren? Zweitens: Was kann ich meinem Kind stattdessen vorschlagen, wie es mir helfen kann?

Leon wollte seiner Mutter helfen. Sie würdigt seine Hilfsbereitschaft, aber sie lobt ihn nicht für etwas, was sie nicht will. Wichtig ist: Sie erkennt seine gute Absicht an und sagt ihm das. Indem sie Verständnis dafür zeigt, dass Leon den Unterschied zwischen den Pflanzen noch nicht kennt, und ihn deswegen nicht wegschickt, sondern ihn erst recht um seine Mithilfe bittet, nimmt sie ihn ernst.

RESILIENZ

Mit diesem Fachbegriff aus der Psychologie ist die psychische Widerstandsfähigkeit gegenüber Entwicklungskrisen gemeint. Was hat das mit einem normalen Kind zu tun? Alle Kinder müssen resilient werden, damit sie mit ihren Gefühlen klarkommen, ihren Bewegungsradius erweitern können und zunehmend eigenständig werden. Ein gutes Beispiel ist der Übergang in den Kindergarten. Resilienz kann einem Kind nicht einfach beigebracht werden, sondern sie entsteht durch viele Erfahrungen.

Resiliente Kinder

- können ihre Umgebung und die Menschen gut einschätzen,
- haben ein positives Bild von sich selbst,
- können ihre Gefühle und Handlungen gut steuern,
- vertrauen darauf, dass sie selbst etwas ändern können,
- kennen Strategien, um Probleme lösen zu können,
- können mit Stress umgehen,
- haben die Fähigkeit, gut mit anderen Menschen zu interagieren.

Im Alltag können wir schon den ganz Kleinen bestimmte Aufgaben übertragen: Obst waschen, den Tisch decken, Socken sortieren – bestimmt fällt Ihnen noch mehr ein. Damit fördert man Charakterstärken wie Hilfsbereitschaft, Einsatz und Verantwortung und stärkt das Selbstvertrauen des Kindes. Dazu müssen wir Erwachsenen loslassen. Wir müssen uns bewusst von Perfektion und effektiver Zeitnutzung verabschieden. Das ist im Alltagsstress nicht einfach, schließlich haben wir alle viel zu viel zu tun. Lassen wir uns aber darauf ein, weniger zu kontrollieren und mehr abzugeben, tut uns das gut. Von unseren Kindern können wir das lernen, wovon alle reden: Gelassenheit. Das Schöne ist, dass unsere Kinder dadurch Freiräume bekommen, uns wieder zu überraschen. Da kann es sein, dass wir eines Morgens einen gedeckten Frühstückstisch vorfinden, dekoriert mit Gänseblümchen und bunten Aufklebern. Dass wir unseren Kaffee an diesem Morgen aus Puppentassen trinken, ist dann völlig in Ordnung …

Was ist denn jetzt schon wieder?

WANN GEHEN WIR?

Robins Vater muss rasch eine Überweisung machen, damit er keine Mahngebühr riskiert. Während er die Zahlen eintippt, stürzt Robin ins Arbeitszimmer, wirft sich auf ihn und schiebt seinen Kopf zwischen Vater und Bildschirm.

„Du hast gesagt, wir gehen nach dem Frühstück Fahrradfahren!“, sagt er vorwurfsvoll.

„Ja, ich weiß. Aber das hier muss auch sein.“

„Wann fahren wir denn dann?“, drängt der Vierjährige.

„Wenn ich fertig bin, o.k.?“

„Nee, jetzt!"

Robins Stimme klingt quengelig.

„Mensch, Robin, lass mich das hier halt noch fertig machen. Wenn du hier dauernd rumnervst, dauert es noch viel länger."

Mit diesen Worten hebt er ihn vom Schoß und versucht sich erneut zu konzentrieren.

Hier haben zwei in der Familie ganz unterschiedliche Bedürfnisse: Der Vater will die Überweisung jetzt abschicken, weil er die lästige Konsequenz, nämlich teure Mahngebühren, kennt und sich später über sich selbst ärgern würde, wenn er es nicht rechtzeitig erledigt hätte. Robin hat die Ankündigung, nach dem Frühstück Fahrrad zu fahren, so verstanden, dass es sofort nach dem Frühstück losgeht. Stattdessen hockt sein Vater wieder am Computer. Klar, dass beide unzufrieden sind.

Robin mit seinen vier Jahren kann der Vater durchaus zumuten, noch solange zu warten, bis er die Überweisung erledigt hat. Es würde Robin jedoch sehr helfen, wenn der Vater ihm etwas Verlässliches anbietet, das Robin schon versteht, eine Zeitvorstellung, wie lange das Warten dauert. Zum Beispiel könnte er ihm vorschlagen, noch die restlichen Aufkleber ins Stickeralbum zu kleben, weil er abschätzen kann, dass er selbst für die Überweisung weniger lange braucht. Oder er bittet Robin, schon mal sein Kinderfahrrad aus dem Schuppen zu holen und für beide die Fahrradhelme vorzubereiten.

Als Eltern kennen wir alle das unbefriedigende Gefühl, wenn abends im ganzen Haus Angefangenes herumliegt, weil man nichts zu Ende machen konnte. Und wir alle haben schon ungehalten bis wütend reagiert, weil wir „einmal" etwas in Ruhe machen wollten. Wirklich jeder kennt das: Genau in dem Augenblick, in dem die Mutter zum Telefonhörer greift, fangen die Geschwister an zu streiten, beginnt ein Kind zu jammern oder tut sich ganz plötzlich „fürchterlich weh". Kinder wollen und brauchen Zuwendung, das wissen wir alle. Dennoch können wir abwägen, wie dringend wir genau in diesem Moment gebraucht werden. Kinder müssen und sollen Warten lernen. Geduld ist eine Fähigkeit, die sie immer wieder im Leben brauchen.

„Du kannst das!"

Wie hätte Robins Vater noch reagieren können? Der Vater muss nicht ausführlich erklären, was er da tut, aber er könnte sagen, dass es für ihn wichtig ist und es ihm leid tut, dass Robin noch auf ihn warten muss. Mit der Bemerkung, dass Robin „hier dauernd rumnervt", stößt er seinen Sohn vor den Kopf. Bei Robin kommt vor allem an: „Ich mag dich nicht, denn du nervst dauernd rum." Anstatt Robin Vorwürfe zu machen, könnte der Vater sagen: „Ich weiß, wie gut du manchmal warten kannst. Weißt du noch, letzte Woche beim Arzt? Da warst du so geduldig."

Hilfreich ist in solchen Momenten, wenn man sich auf eine ähnliche, gelungene Situation beziehen kann. Man erinnert das Kind daran, wie gut es eine Sache hinbekommen hat, und zeigt seine Bewunderung dafür. Es ist zum Beispiel möglich, dass Robin vergangene Woche sehr geduldig mit seinem Vater im Wartezimmer des Kinderarztes gewartet hat. Obwohl noch fünf andere Kinder vor ihm dran waren und er insgesamt fast eine Stunde mit seinem Vater ausharren musste, hat er ganz entspannt mit den Bauernhoftieren aus einer Spielkiste im Wartezimmer gespielt.

WARTEN LERNEN

Kinder möchten am liebsten alles sofort. Während man bei Säuglingen gut daran tut, sie nicht warten zu lassen, stimmt das für Kindergartenkinder nicht mehr so ganz. Ob ein Kind warten kann, hat einen entscheidenden Einfluss darauf, wie gut es sich in eine Gruppe einfügen kann.

Wenn man ein Kind bittet zu warten, ist es wichtig, dass man seine Geduld nicht über Gebühr strapaziert und dass man verlässlich ist, also sich ihm dann wirklich voll und ganz zuwendet. Je jünger das Kind ist, umso mehr braucht es eine vorübergehende Ablenkung, um die Wartezeit zu überbrücken.

Geduldig zu warten ist beiläufig gesagt selbst bei vielen Erwachsenen keine besonders ausgereifte Charakterstärke. Wenn Sie das nächste Mal im Auto unterwegs sind, hören Sie vielleicht von hinten: „Leas Mutter kann das gar nicht, das mit dem Warten. Die schimpft und hupt immer, wenn sie uns zum Kinderturnen bringt."

Erzähl mir doch nichts!

ZUR STRAFE KEIN FUSSBALL

Jannik hat zum vierten Geburtstag einen neuen Fußball bekommen. Er zeigt das Wappen seines Lieblingsvereins. Seitdem muss der Ball überall mit hin. Sogar beim Essen bekommt er einen Ehrenplatz neben Jannik. Die Eltern nehmen es mit Humor. Allerdings haben sie klargemacht, dass im Haus nicht mit dem Fußball gespielt werden darf.

Der Vater, selbst ein großer Fußballfan, geht jeden Sonntag mit Jannik auf den Fußballplatz zum Vater-Sohn-Kick. An diesem Sonntag sitzt Jannik morgens mit dem Ball im Sessel und dreht ihn zwischen den Händen. Er probiert, ob er ihn auf dem Zeigefinger drehen lassen kann. Der Ball hüpft auf den Boden, Jannik springt auf und prellt ihn auf den Boden, versucht ihn auf dem Knie zu balancieren und dribbelt schließlich durchs Wohnzimmer. Da kommt der Vater herein, um mit Jannik zum Fußballplatz zu gehen.

Entrüstet meint er: „Sag mal, was machst denn du da? Du weißt doch, dass hier drin nicht Fußball gespielt wird!"

Jannik erschrickt, nimmt rasch den Ball, hält ihn fest und schaut zu Boden.

„Ich hab dich was gefragt!", sagt der Vater und stemmt die Arme in die Hüften.

Der Junge sagt leise „Hab ich vergessen" und starrt auf seinen Fußball.

Jetzt ist der Vater richtig sauer. „Vergessen! Erzähl mir doch nichts! Du weißt das ganz genau! Zur Strafe gehen wir heute nicht zum Kicken. Und den Ball gibst du mir!"

Der Ärger von Janniks Vater ist verständlich, aber mit seiner Reaktion schießt er über das Ziel hinaus. Mit vier Jahren ist die Versuchung stärker als das Bewusstsein für Regeln. Es stimmt vermutlich: Jannik ist ins Fußballspielen hineingeschlittert und hat nicht an die Regel gedacht. Er hat wirklich nicht daran gedacht. Wenn der Vater ihm in seiner Wut nicht glaubt, kommt beim vierjährigen Jannik vor allem an: Mein Papa vertraut mir nicht, er mag mich nicht. Beim Vater herrscht dagegen eine Mischung aus Enttäuschung und Ärger vor. Beide haben von ihrem Standpunkt aus Recht.

Doch kleine Kinder brauchen nicht nur Regeln. Sie brauchen auch Erwachsene, die ihr Verhalten in geordnete Bahnen lenken. Ohne Eltern oder Erzieherinnen geben sie leicht mal einer Versuchung nach. Und das ist völlig normal. Das heißt aber nicht, dass wir sie immer gewähren lassen, denn im täglichen Leben begegnen ihnen immer wieder Regeln und Grenzen.

HABEN KLEINE KINDER EIN GEWISSEN?

Kinder entwickeln im vierten, oft erst im fünften Lebensjahr das, was wir ein Gewissen nennen. Man kann sich das Gewissen bei kleinen Kindern wie einen Stellvertreter für Mutter oder Vater vorstellen. Wie an einem Zeichen auf einem Wanderweg kann man sich daran orientieren. Wenn sich das schlechte Gewissen regt, spürt das Kind Unsicherheit und Unruhe.

Im Kleinkind- und Vorschulalter ist das Gewissen noch sehr stark an das Verhalten der Bezugspersonen gebunden. Das Kind wird sich nicht deswegen so oder so verhalten, weil es verinnerlicht hat, dass dies nicht angemessen ist, sondern weil es weiß, dass die Eltern dann verärgert oder enttäuscht sein werden. Aber auch im frühen Schulalter ist das Gewissen im Sinne einer unabhängigen moralischen Instanz noch lange nicht fertig ausgebildet. Die Gewissensentwicklung in Form von Empathie und moralischem Verhalten dauert bis ins Erwachsenenalter hinein an!

Langfristig gesehen muss unser Ziel sein, unseren Kindern dabei zu helfen, ein auf Werten basierendes inneres Gewissen zu entwickeln. Es wird ihnen helfen, selbst zu entscheiden, ob ihr Verhalten einer Situation angemessen ist.

Es hätte wohl an diesem Sonntagmorgen auch genügt, etwa einen Platz zu suchen, an dem der Fußball „wartet“. Damit muss Jannik die Verantwortung dafür übernehmen, dass er sich nicht an die Abmachung gehalten hat. Diese Konsequenz ist logisch, und Jannik kann sie mit dem, was den Vater ärgert, in Verbindung bringen. Der Vater schießt in seinem Ärger über das Ziel hinaus und bringt Jannik und sich selbst um das Vater-Sohn-Ritual. Weiter gedacht: Wenn der Vater schon beim ersten Mal solche Geschütze auffährt, was will er dann das nächste Mal tun?

Auch wenn man wütend ist, sollte man sich möglichst nicht zu einer großen Strafaktion hinreißen lassen. Besser: kurz durchatmen, eventuell noch mal aus dem Zimmer gehen und zurückkommen. Dann kann man klarer denken. Wie schlimm ist das, worüber ich mich ärgere? Was will ich erreichen? Mit welcher Strategie will ich das schaffen? Wie sage ich das? Was soll rüberkommen? Wie viel traue ich ihm zu? Wie schaffen wir das zusammen? Also sollte man auch hier die STAMM-Strategie anwenden: S für Strategie überlegen, T für Ton wählen, A für Ankommen, M für Mut machen und noch ein M für Miteinander. Mehr zur STAMM-Strategie lesen Sie in dem Kapitel „STAMM – in fünf Schritten Konflikte anders lösen".

Janniks Vater könnte demnach den Ball für diesen Tag wegräumen und ankündigen, dass der Ball in Zukunft an jenem Platz im Flur wartet. Jannik kann ihn sich nehmen, darf jedoch nur draußen damit spielen. Vielleicht setzt der Vater sich dann mit ihm auf den Boden und legt ihm den Arm um die Schultern. „Ich verstehe, dass Ballspielen auch im Haus Spaß macht, aber ich möchte, dass nur draußen mit dem Ball gespielt wird. Ich traue dir zu, dass du das schaffst."

Ehrlich miteinander sein

Überdies könnte der Vater seine aus der Wut geborene Strafe zurücknehmen: „Ich habe noch mal nachgedacht über meine Strafe. Vorhin war ich so wütend, weißt du? Aber ich glaube, wir sollten jetzt trotzdem zusammen kicken gehen. Was denkst du?"

Na, das ist jetzt aber total inkonsequent, mag man da ausrufen. Nun, Eltern bricht kein Zacken aus der Krone, wenn sie auch mal etwas zurücknehmen und Verständnis zeigen. Eine im Zorn ausgesprochene Strafe ist selten angemessen. Erstes Ziel ist es, die Beziehung schnell zu „reparieren", und wenn es sein soll, auch angedrohte, aus der Luft gegriffene Strafen zurückzunehmen. Jannik hat doch selbst längst gemerkt, dass er sich anders hätte verhalten sollen. Und im Gespräch mit seinem Vater ist noch einmal bekräftigt worden, wie die Familienregel zum Thema Ballspielen im Haus aussieht. Nun auch noch das gemeinsame Ritual des Vater-Sohn-Kicks zu streichen, wäre eher rigide denn konsequent. Nur weil man aus Ärger und Wut etwas hinausschleudert, heißt das nicht, dass es auch weise ist, es so „durchzuziehen".

Wieso darf ich nicht?

DU BIST GEMEIN

Charlotte darf jeden Tag eine halbe Stunde Kinderfernsehen. Die Mutter und die fünfjährige Charlotte suchen am Nachmittag zusammen eine Sendung aus, und danach soll Charlotte ausschalten. Nur manchmal muss Charlottes Mutter, die in Teilzeit von zu Hause aus am Computer arbeitet, noch etwas für einen Kunden erledigen. Dann darf Charlotte auch schon mal länger gucken.

Heute ist das nicht der Fall, doch die Mutter hat noch Wäsche weggeräumt und den Müll rausgebracht und nicht darauf geachtet, wie die Zeit vergangen ist. Als die Mutter von der Mülltonne zurückkommt, sitzt Charlotte immer noch vor dem Fernseher und schaut bereits den dritten Film.

„Ja, guckst du immer noch fern?", fragt sie entrüstet.

Charlotte ist so fasziniert, dass sie ihre Mutter zunächst nicht wahrnimmt.

„Einen Film auf KiKa hatten wir ausgemacht."

Erstaunt schaut Charlotte auf.

„Jetzt ist aber wirklich genug!"

Die Mutter greift zur Fernbedienung.

„Oh nö, Mama!", protestiert Charlotte.

Als das Bild schwarz wird, schmeißt sich Charlotte trotzig auf das Sofa und brüllt: „Du bist gemein!"

Die Mutter will sich nicht darauf einlassen und geht zurück in die Küche. Sie gibt Charlotte Zeit und glaubt, dass sich die Wut bald legt. Kurz darauf hört sie, dass der Fernseher wieder läuft. Damit hat sie nicht gerechnet.

„Was fällt dir denn ein? Das ist ja wohl nicht wahr." Mit diesen Worten reißt sie Charlotte die Fernbedienung aus der Hand, drückt auf den Ausknopf und legt die Fernbedienung ganz oben auf den Schrank.

Was ist hier passiert? Die Mutter ist eigentlich der Ansicht, dass eine halbe Stunde Fernsehen pro Tag genug ist. Charlotte weiß, dass sie sich jeden Nachmittag eine Sendung im Kinderfernsehen aussuchen darf. Wenn die zu Ende ist, muss sie ausschalten. Eigentlich ist alles klar. Es gibt in der Familie demnach eine Fernsehregel, die einfach und auch für das Kind übersichtlich ist. Warum funktioniert es dann nicht?

Bestimmt ist Ihnen das selbst sofort beim Lesen klar geworden. Mal erlaubt die Mutter, dass Charlotte länger als eine Sendung Fernsehen schaut, weil sie dann in Ruhe noch etwas arbeiten kann, ein andermal nicht. Für Charlotte mit ihren fünf Jahren ist das nicht zu verstehen. Wenn die Mutter an diesem Tag mit dem Wäschekorb und der Mülltüte durchs Haus läuft, macht das für das Kind denselben beschäftigten Eindruck wie wenn die Mutter am Computer arbeitet.

Klare Absprachen erleichtern den Alltag

Die Mutter reagiert zunächst besonnen und klug auf den Wutausbruch ihrer Tochter und lässt sich nicht provozieren. Interessanterweise bleibt es nicht dabei. Das Kind treibt den Konflikt gewissermaßen auf die Spitze und fordert die Mutter heraus. Es fordert, ohne darüber nachzudenken, von seiner Mutter, dass sie Klarheit schafft. Gilt die Fernsehregel jetzt oder nicht? Sie versteht das Hin und Her nicht. Was gestern richtig war, kann doch heute nicht falsch sein?

KINDER WOLLEN SICHERHEIT

Wichtig ist in jedem Fall, dass ein Kind weiß, woran es ist. Klare Regeln, die konsequent eingehalten werden, erleichtern allen das Familienleben und mindern das Konfliktpotenzial. Die Frage jedoch, wie viel Fernsehen erlaubt ist, wird jede Familie selbst beantworten müssen. Dass Dauerberieselung weder für Kinder noch für Eltern ein wünschenswerter Zustand ist, darüber sind sich ohnehin die meisten Menschen einig. Die Familienregel zum Thema Fernsehen mag also individuell verschieden ausfallen, sie sollte aber klar und eindeutig sein.

Charlottes Mutter hat eine Regel aufgestellt, sie mit Charlotte besprochen – und bricht die Regel selbst. Nämlich immer dann, wenn sie viel zu tun hat und es ihr besser passt, dass Charlotte noch eine Weile beschäftigt ist. Diesen Zwängen unterliegen wir alle, und es ist nur zu verständlich, dass es hier so läuft.

Hier gibt es zumindest zwei gangbare Möglichkeiten, wie die Mutter für klare Verhältnisse sorgen kann:

Wenn sie es eigentlich nicht schlimm findet, dass Charlotte an manchen Tagen länger fernsehen darf, sollte sie die Regel ändern. Um den Fernsehkonsum dennoch nicht überhand nehmen zu lassen, könnte sie zum Beispiel mit ihrer Tochter besprechen, dass sie dienstags und donnerstags besonders viel zu Hause arbeiten muss und Charlotte deswegen zwei Sendungen sehen darf. Dafür gibt es montags und mittwochs kein Kinderfernsehen.

Wenn die Mutter die Halbe-Stunde-Regel pro Tag beibehalten möchte, muss sie sich auch selbst konsequent daran halten und zumindest in den ersten Wochen genauer überwachen. Dann hat sich Charlotte daran gewöhnt, und es fällt ihr leichter, selbst auszuschalten.

Ich hab doch so wenig Zeit für sie

ICH WILL ABER NICHT

„Räum bitte die Legosteine auf, Melanie. Man kann hier ja nicht mehr laufen", fordert der Vater seine Tochter auf.

Melanie legt den Kopf auf den Tisch und weint. „Ich will noch nicht ins Bett. Ich will noch ein bisschen bei euch bleiben. Wir haben noch gar nichts gespielt", jammert sie. Ihre Schultern beben.

Der Vater legt ihr die Hand auf die Schulter.

„Na, komm, Prinzessin. Jetzt räum bitte mal die Legosteine wieder in die Kiste, und dann kannst du ja noch eine Weile wach bleiben."

Melanie schluchzt noch mal. Dann wischt sie sich mit dem Ärmel die Tränen ab und steht auf. Mit hängendem Kopf und vorgeschobenen Unterlippe geht sie um den Tisch herum zur Legokiste.

„Aua!" Sie fasst sich an die Schulter. „Aua, das tut weh!"

„Was ist denn los?", fragt der Vater.

„Aua!" Melanie bleibt stehen, heult laut und lässt sich verzweifelt auf den Boden fallen.

„Na, komm mal her, Prinzessin. Zeig mal!"

Melanie setzt sich auf Papas Schoß und schmiegt sich an ihn.

Die vierjährige Melanie weint viel, insbesondere dann, wenn sie etwas erreichen möchte. Zum Beispiel, wenn sie eine kleine Aufgabe erledigen soll, wie ihre Hausschuhe anzuziehen oder die Legokiste wieder einzuräumen. Manchmal stößt sie sich dann, wie zufällig, an der Garderobe oder am Tisch und weint dann bitterlich über den eigentlich nicht sehr großen Schmerz. Das Kind hat gelernt, dass man auf sein Weinen mit Trost, Zuwendung und Aufmerksamkeit reagiert. Durch diese positive Verstärkung erhöht sich die Wahrscheinlichkeit, dass es auch in anderen Situationen sein Weinen einsetzen wird, um Unterstützung zu bekommen.

Es ist durchaus wichtig, auf Schmerz, Trauer und Hilflosigkeit des Kindes zu reagieren und es angemessen zu trösten. Und in solchen Momenten ist dies auch wichtig und sehr entscheidend für die spätere Entwicklung. Im ersten Lebensjahr sollte auf das Weinen des Kindes immer möglichst akut reagiert werden. Sobald das Kind etwas älter ist, ist es auch mal möglich, es mit etwas Erklärung, warum man jetzt nicht gleich und sofort zu ihm kommen kann, für eine kurze Zeit zu „vertrösten".

Kinder können manipulieren

Bei Melanie hat sich das Weinen jedoch verselbstständigt, beziehungsweise scheint der Anlass, warum das Kind weint, dem Gefühlsausbruch oft nicht mehr angemessen zu sein. Das Kind weint schon bei Kleinigkeiten, die es eigentlich nicht wert sind. Der Weg hieraus: möglichst viel Zuwendung und Aufmerksamkeit in anderen Situationen – mitten am Tag und einfach so. Aber nicht, wenn das Weinen als Flucht vor kleinen Aufgaben benutzt wird.

Melanies Vater ist sich durchaus bewusst, dass seine Tochter ihn oft „um den Finger wickelt". Melanie kann das auch gut mit „Ich hab dich sooo lieb, Papa!" Die beiden haben eine besonders nahe Beziehung, die dem Vater viel bedeutet, zumal er seine Tochter unter der Woche nur abends nach der Arbeit sieht, und das auch nicht immer. Doch je älter Melanie wird, desto unwohler fühlt er sich manchmal dabei. Er merkt, dass Melanie mit ihm macht, was sie will, und diese Entwicklung gefällt ihm eigentlich nicht so recht. Wie er gegensteuern kann, ohne die Beziehung zu Melanie zu stören, ist ihm unklar. Die beiden sind ein „eingespieltes Team", in dem die Rollen und die Machtverhältnisse klar verteilt sind.

! WER KANN ETWAS ÄNDERN?

Bei Eltern, die immer in Eile sind und/oder wenig Zeit mit ihren Kindern verbringen, lassen sich sehr leicht Schuldgefühle wecken. Die Kinder schmollen, weil sie sich zurückgewiesen oder zu wenig beachtet fühlen. Das ist verständlich, schließlich brauchen Kinder Nähe und Zuwendung. Manchmal jedoch entwickelt sich daraus eine Strategie zur Durchsetzung eigener Interessen. Wer lernt, das er immer nur diesen Knopf drücken muss und damit bekommt was er will, lernt früh andere Menschen zu manipulieren. Dann erlernen Kinder sogar die Fähigkeit, Gefühle vorzutäuschen und im richtigen Moment zu schmollen oder zu weinen. Die Ziele können dabei ganz unterschiedlich sein und gehen von „etwas nicht machen müssen" bis zur Wiedergutmachung mit Spielzeug oder mehr Fernsehzeit.

Es zeigt sich bei allen Erziehungskonflikten: Darauf zu warten, dass nur die Kinder sich ändern, ist müßig. Eltern müssen genauso ihre Hausaufgaben machen. Das Kind wird sein Verhalten erst ändern, wenn die Eltern ihr Verhalten ändern. Es gilt, die „Machtverhältnisse" wieder ins richtige Lot zu bringen. Wer sonst, wenn nicht die Eltern, könnten dies tun? Das Kind braucht einen Anstoß (und noch einige mehr), damit es aus der „Erpresserrolle" herausfindet. Bisher hat das Verhaltensmuster für das Kind meist zum gewünschten Ergebnis geführt – es hat „gewonnen". Warum sollte es daran etwas ändern?

Das klingt mühsam – und das ist es zuweilen auch –, aber zugleich ist es eine große Erleichterung zu wissen, dass ich als Mutter etwas ändern und steuern kann.

Melanies Vater wird die Gewohnheiten durchbrechen müssen, wenn er die Beziehung zu seiner Tochter zu einem tragfähigen Vater-Tochter-Verhältnis wandeln will. Das geht natürlich nicht von heute auf morgen. Hier gilt es, das langfristige Ziel vor Augen zu haben: Der Vater will sich nicht mehr um den Finger wickeln lassen. Er möchte, dass Melanie sich an Regeln – etwa zum Aufräumen – hält, ohne Ausflüchte zu suchen. Für sich wünscht er, dass er standhaft bleibt und die Beziehung zu Melanie anders wird, ehrlicher und tragfähiger. Wenn Melanie das nächste Mal etwas für sie Lästiges tun soll und sich ins Jammern flüchtet, ist es am Vater, darauf zu bestehen. Egal, welches Register Melanie dann zieht – jammern, betteln, säuseln. Melanie konnte die Reaktionen ihres Vaters immer gut kalkulieren und sein Verhalten gezielt triggern. Das wird sie auch weiterhin versuchen und sich an der neuen Haltung ihres Vaters reiben.

Konflikte gehören zu jeder guten Beziehung dazu

Kinder reiben sich an Grenzen. Sie begehren auf, sie kämpfen, sie schreien, sie jammern, sie beschimpfen die Eltern. Das ist bis zu einem gewissen Grad normal. Das müssen Eltern auch mal aushalten, denn das gehört zu ihrer Rolle dazu. Und das ist auch relativ gut zu ertragen, wenn eine starke liebevolle Bindung da ist und die Rollen klar sind: „Ich bin die Mutter, du bist das Kind." Schwer wird es, wenn Eltern versuchen, eine partnerschaftliche Beziehung zu ihrem Kind zu haben und sich als ihre Freunde empfinden. Dann kränken Vorwürfe und Beschimpfungen viel mehr, als wenn ich mir klarmache, dass wir eine Beziehung als Eltern und Kinder zueinander haben, in der Konflikte unausweichlich und sogar notwendig sind für die Entwicklung unserer Kinder. Die Rollen anzunehmen hilft, die Beschimpfungen unserer Kinder nicht so persönlich zu nehmen, ebenso wie das Wissen darum, dass Reibung sein muss.

! MEIN SOHN IST NICHT MEIN FREUND UND MEINE TOCHTER NICHT MEINE FREUNDIN

Kleine Kinder wollen nicht wie Erwachsene behandelt werden, und es ist für ihre Persönlichkeitsentwicklung immens wichtig, dass wir sie Kind sein lassen, dass wir ihnen Grenzen setzen und sie führen, im Bewusstsein, dass Erwachsene einen besseren Überblick haben.

Kinder sind nicht gleichberechtigt. Es überfordert das Kind, wenn man es wie einen gleichberechtigten Partner behandelt. Falsch verstandene Sehnsucht nach Harmonie ist da völlig kontraproduktiv.

Jeden Morgen Tränen

NICHT WEGGEHEN!

Die dreijährige Marie soll in den Kindergarten kommen. Die Eltern sehen dem mit gemischten Gefühlen entgegen, weil Marie schon seit dem Säuglingsalter ein sehr trennungsempfindliches Kind ist. Wenn die Großeltern abends kamen, damit die Eltern ausgehen konnten, schlug das regelmäßig fehl. Auch bei Nachbarskindern wollte sie bislang noch nicht ohne ihre Mutter bleiben. In einer fremden Umgebung weicht sie der Mutter nicht von der Seite. Sie hat nun mal ein schüchternes Wesen.

Beim Erstgespräch äußern die Eltern ihre Sorgen, wie die Eingewöhnung in den Kindergarten gut gelingen kann. Die Erzieherin verweist auf das bewährte Berliner Modell, das einen schrittweisen Übergang ermöglicht.

Doch auch nach den ersten vier Wochen ist kaum ein Fortschritt bei der Eingewöhnung zu verzeichnen. Der Mutter graut es jeden Morgen vor dem Kindergarten. Dann klammert sich Marie beim Abschied an sie, weint und schreit und lässt sich auch von der Erzieherin nicht trösten. Dass die Erzieherin berichtet, das Weinen wäre eigentlich immer nach zehn Minuten vorbei, und dann würde Marie mit den anderen Kindern spielen, ist zwar eine gute Nachricht, hilft der Mutter aber nur begrenzt. Ihr Verstand sagt: Es ist wichtig und gut für Marie, in den Kindergarten zu gehen. Ihr Gefühl sagt: Mein Kind leidet.

Kaum ist das Baby auf der Welt, wird von uns erwartet, dass wir alle unsere Bedürfnisse hinter dem des winzigen, hilflosen Bündels zurückstellen. Haben wir uns endlich daran gewöhnt, wird es mit jedem Tag selbstständiger. Wir geben ihm weiterhin Halt, aber auch immer mehr Freiheit, und schwupps fragt es nach unserem Autoschlüssel.

Der Eintritt in den Kindergarten ist der erste große Schritt in Richtung Eigenständigkeit. Damit muss man auch als Mutter erst mal lernen, klarzukommen. Manchmal senden wir unbewusst Signale, die dem Kind das Abnabeln erschweren. Kinder besitzen sehr feine Antennen für solche Ängste oder Bedenken. Wenn ein Kind sich schlecht von seiner Mutter trennen kann, hat das aber meist noch andere Ursachen. Bei manchen Kindern steht eher die Angst, die Mutter könnte nie mehr wiederkommen, im Vordergrund. Das liegt daran, dass bei Kleinkindern, und bei Babys sowieso, lange gilt: nicht sehen ist gleich weg sein. Das Wissen, dass jemand, der außer Sichtweite ist, dennoch nicht für immer verschwunden ist, sondern nur für eine gewisse Zeit, muss sich erst entwickeln. Diese Angst geht dann zurück, doch mit dem Eintritt in den Kindergarten kommt sie bei vielen Kindern wieder. Bei anderen Kindern ist die Angst vor der Trennung eher in der Angst vor den jeweiligen neuen, unbekannten Situationen begründet. Gerade die Vielzahl von fremden Kindern und noch unbekannten Erzieherinnen weckt bei einigen Kindern Ängste und Unbehagen, und häufig neigen sie dazu, erst recht zu klammern.

Aber auch bei den trennungsängstlichen Kindern kommt irgendwann der Punkt, an dem die Mutter „gehen" muss. Bereiten Sie sich darauf vor und gestalten Sie den Abschied liebevoll, aber klar und zügig. Wenn Ihr Kind weint, ist das völlig normal! Natürlich weint es, weil Sie weggehen. Die ersten Trennungen sollten nicht mehr als etwa eine Stunde in Anspruch nehmen. Wenn Ihr Kind dann merkt, dass Sie regelmäßig wiederkommen, wird es sich allmählich daran gewöhnen, und das morgendliche Weinen wird abnehmen.

Ängste ernst nehmen

Man kann zu Hause in Ruhe erklären: „Ich finde es wichtig, dass du in den Kindergarten gehst." Weint das Kind dann, weil es Angst davor hat, sollte man das nicht mit Floskeln abtun wie „Du brauchst doch keine Angst zu haben!" oder „Ich würde was drum geben, wenn ich anstatt zur Arbeit in den Kindergarten gehen könnte!" Wenn Sie Verständnis für die Ängste zeigen, ist das nicht gleichbedeutend mit „Dann musst du nicht hingehen." Doch es schafft Vertrauen und stärkt die Beziehung. Schenken Sie dem Kind in dieser Phase zu Hause überhaupt besonders viel Schoß- und Festhaltezeit, das lädt die „Batterien" auf.

Am Morgen im Kindergarten verabschieden Sie sich, drücken sich beide noch einmal so richtig doll, und dann sollten Sie auch gehen. Bleiben Sie liebevoll und fest zugleich. Absolut kontraproduktiv wäre es, wenn Sie sich davonstehlen würden, denn das würde die Angst vor dem Verlassenwerden noch mehr nähren. Um die Trennungsangst allmählich zu besiegen, braucht das Kind eine absolut verlässliche Mutter. Zu den abgesprochenen Zeiten muss sie wieder da sein. Also sich zum Abholen lieber ein bisschen früher zum Kindergarten aufmachen, als zu spät zu kommen. So spürt das Kind: „Auf meine Mama kann ich mich verlassen."

HAND IN HAND MIT DEM KINDERGARTEN

Beim Aufnahmegespräch haben die Eltern zum ersten Mal Gelegenheit, die Erzieherinnen kennenzulernen. Im besten Fall gehen sie mit dem Gefühl nach Hause, ihr Kind in Zukunft an einem guten Ort zu wissen. Für die Erzieherinnen bietet sich die Möglichkeit, das Kind und die Eltern kennenzulernen und die Basis für eine vertrauensvolle Beziehung zu schaffen. Bei manchen Einrichtungen ist es außerdem üblich, dass die Erzieherin die Familie zu Hause besucht, um noch mehr über sie zu erfahren. Ein gutes Verhältnis zum Personal der Kindertagesstätte erleichtert Eltern und Kind die Beziehungs- und Kontaktaufnahme.

Die meisten Kindergärten bieten mittlerweile individuelle, an die Bedürfnisse des Kindes angepasste Eingewöhnungszeiten an. Sobald das Kind eine Beziehung zu einer oder mehreren Erzieherinnen aufgebaut hat, wird es die Eltern leichter gehen lassen und, darauf aufbauend, auch Beziehungen zu anderen Kindern entwickeln.

Erzieherinnen wissen: Auch Mamas und Papas muss man in der Eingewöhnungszeit manchmal trösten. Sie stehen Mutter und Vater unterstützend zur Seite in der schwierigen Zeit der Ablösung, in der die Eltern oft selbst den Tränen nahe sind und sich schlecht oder verunsichert fühlen.

Die Zeit, die Kinder in ihren Familien verbringen, nimmt immer weiter ab. In Kleinstädten und auf dem Land, wo sowohl Oma und Opa als auch Tante Berta und Onkel Willi noch im selben Ort wohnen, gibt es sie noch, die Großfamilie, in der die Kinder von allen betreut, erzogen und versorgt werden. Solch räumliche Nähe ist nicht mehr so häufig anzutreffen, zumal in der modernen Gesellschaft die Großelterngeneration zwar meist aktiv und rüstig ist, aber oft persönliche Ziele verfolgt, anstatt sich für die Kinderbetreuung aufzuopfern. Nicht umsonst haben Marketingstrategen Begriffe wie „Silver Ager“ erfunden und werben um sie mit speziellen Reiseangeboten.

Nun hilft es wenig, den Annehmlichkeiten der Großfamilie nachzutrauern, in der Kinder daran gewöhnt sind, von vielen verschiedenen Menschen betreut zu werden. Mutter und Vater sind neben der Erzieherin häufig die einzigen engen Bezugspersonen. Eltern fühlen sich deswegen in hohem Maße für das Glück ihrer Kinder verantwortlich – und eben auch für das Unglück. Selbst wenn der Verstand einem sagt, dass es gut für das Kind ist, mit Gleichaltrigen zu spielen und zu lernen – wenn sich dieses schluchzende, verzweifelte Bündel an einen klammert, fühlt man sich als Eltern schrecklich. Da hilft es, sich zu vergegenwärtigen, dass das Weinen dem Kind hilft, den Abschiedsschmerz zu verarbeiten. Es ist wichtig für die kindliche Psyche, dass es diesen Schmerz nicht verstecken muss.

Noch vor dem Abschied kann man mit dem Kind planen, was man später Schönes zusammen machen will. Freuen Sie sich auf die gemeinsame Zeit, sei es Zeit zum Basteln, Malen oder Kicken.

Du brauchst doch keinen Schnuller mehr!

DIE SCHNULLERFEE

Bei der U 7 hatte der Kinderarzt Bennys Mutter geraten, den Schnuller demnächst „verschwinden" zu lassen. Fast ein Jahr später hat Benny den Schnuller noch, braucht ihn aber nur noch zum Einschlafen. Morgens ist die Sache für ihn klar: Der Schnuller bleibt im Bett und „wartet" dort auf ihn, bis Benny ihn abends wieder braucht. Benny nuckelt sich dann in den Schlaf. Für Bennys Eltern ist das im Moment eine große Entlastung, denn sie befinden sich mitten im Umzug in eine neue Wohnung, wo es noch viel zu renovieren gibt.

Bei der U 7a hakt der Kinderarzt nach, wie es mit der Schnullerentwöhnung geklappt hat. Benny sei nun drei Jahre alt, und es bestehe nun mal die Gefahr von Zahnfehlstellungen und Kieferverformungen.

Die Mutter berichtet von den letzten Wochen, die wegen des Umzugs sehr stressig waren, und der Stress sei auch noch nicht vorüber.

Auf dem Nachhauseweg gehen Bennys Mutter die Geschichten ihrer Freundinnen über das Abgewöhnen des Schnullers durch den Kopf. Es trifft sich gut, dass sie am nächsten Tag bei einem Geburtstagskaffee nachfragen kann, was diesbezüglich am besten funktioniert hat.

„Also bei uns war es die Schnullerfee, die den Schnuller geholt und ein Schnuffeltuch, so ein Stoffhäschen, da gelassen hat", berichtet eine Freundin. Auch die anderen Freundinnen haben es irgendwie geschafft, den Schnuller aus dem Leben ihrer Kinder zu verbannen, aber bei den meisten verlief es mit Tränen.

Die Freundinnen versuchen, Bennys Mutter Mut zu machen, die sich dann auch entschließt, das Thema anzugehen. Am nächsten Morgen erzählt sie Benny von der Schnullerfee, die heute vorbeikommen würde, um Bennys Schnuller anderen Kindern zu bringen, die noch kleiner sind und Bennys Schnuller dringend bräuchten.

In den ersten zwei Jahren ist der Schnuller in vielen Familien ein bedeutender Helfer, weil er das Kind tröstet und das Einschlafen erleichtert. Allerdings sollte das Kind spätestens mit dem Eintritt in den Kindergarten ohne den Schnuller auskommen, denn längeres Nuckeln erhöht die Wahrscheinlichkeit von Zahnfehlstellungen. Doch wie trennt es sich davon?

Auf einmal geht es

Welchen Weg man auch wählt, in jedem Fall gilt: Man muss dem Kind wirklich zutrauen, dass es ohne Schnuller schlafen kann, und man selbst muss so weit sein, diese Entwicklungsphase abzuschließen. Wenn Sie sich sagen hören: „Du brauchst doch keinen Schnuller mehr, du bist jetzt alt genug!" und sich des Gefühls nicht erwehren können, dass Sie wie eine drittklassige Schauspielerin aus einer Gerichtsshow aus dem Nachmittagsprogramm klingen, sind Sie Ihrem Kind keine große Hilfe. Solange wir uns nicht sicher sind, dass das Kind so weit ist, wird es nicht funktionieren. Wenn aber die Überzeugung da ist, mein Kind kann das – da ist das Bauchgefühl im Allgemeinen ein guter Ratgeber –, wird es klappen. Bei manchen Kindern mit Tränen, bei anderen einfach so. Wichtig: Geben Sie dem Kind Raum für seine Nöte, lassen Sie es davon erzählen und tun Sie es nicht als übertrieben oder lächerlich ab. Dabei können Sie trotzdem klar bei dem bleiben, was Sie sich vorgenommen haben.

BEWÄHRTE TIPPS VON ELTERN

- Schnuller entwöhnen in Etappen: Tagsüber bleibt er im Bett, und abends gibt es ihn noch zum Einschlafen.
- Kleine Erfolge ermutigen das Kind: „Gestern hast du es den ganzen Nachmittag bei Oma ohne Schnuller ausgehalten. Das hast du toll geschafft."
- Die Schnullerfee holt den Schnuller ab und bringt ihn einem anderen, jüngeren Kind.
- Das Kuscheltier muss jetzt immer dabei sein.
- Die Erzieherin mit einbeziehen.

Für fast alle Kinder gewinnt das heiß geliebte Kuscheltier in dieser Phase enorm an Bedeutung und füllt die Trösterrolle aus. Das hilft den meisten Kindern über den Verlust hinweg. Als Mutter gilt es, das Ziel vor Augen zu haben und dabei zu bleiben. Denn tatsächlich wird der Abschied von der Schnullerkindphase zwar einerseits von den meisten Eltern herbeigesehnt – eine Sache weniger, an die man denken und die in der übervollen Handtasche immer dabei sein muss –, andererseits fürchten manche insgeheim die Rückkehr schwieriger Einschlafabende und unruhiger Nächte.

So große Wut

WIE PEINLICH

Mit ein bisschen Betteln schafft es der dreijährige Simon fast immer, seine Mutter zu überreden, dass er sich beim Einkaufen eine Süßigkeit aussuchen darf. Heute jedoch spielt seine Mutter nicht mit. Sie will ihm nichts kaufen. Simon rastet aus. Er beschimpft sie, schreit und tobt.

Und wie reagiert die Mutter? Sie bleibt dabei, schüttelt den Kopf und kramt in ihrem Einkaufswagen, während sie an der Kasse in der Schlange wartet. Schließlich reißt Simon einen Schokoriegel aus dem Regal und wirft ihn nach seiner Mutter, und noch einen, und noch einen. Dann rennt er auf sie zu und haut mit beiden Händen gegen ihr Bein. Jetzt muss die Mutter reagieren. Nun selbst auch richtig wütend, spricht sie wilde Drohungen aus.

Simon wälzt sich jetzt am Boden und weint und schreit. Die Kassiererin schenkt der Mutter einen mitleidigen Blick, andere Leute schauen missbilligend und kritisieren unüberhörbar Mutter und Kind. Simons Mutter zerrt ihren Sohn an beiden Armen hoch und zischt ihm ins Ohr: „Du bist einfach schrecklich!"

Unter großem Geschrei und Geheul des Kindes bezahlt die Mutter ihre Einkäufe und verlässt den Supermarkt. Simon kämpft mit ihr und will nicht an der Hand gehalten werden. Irgendwie schafft sie es, den Jungen, der völlig außer sich ist, in den Autokindersitz zu verfrachten und anzuschnallen. Auf der Fahrt nach Hause schreit und weint Simon. Seine Mutter ist ärgerlich und zugleich fühlt sie sich völlig geschafft.

Wütende Kinder sind an sich nichts Neues. Was sich verändert ist, wie Eltern, ja, wie die ganze Gesellschaft damit umgeht. Erzieherinnen und Lehrer beklagen zunehmend eine mangelnde Frustrationstoleranz bei Kindern im Vorschul- und im Schulalter. Viele Kinder „rasten aus", wiederholt und mit einer Vehemenz, die auch erfahrene Pädagogen erschreckt. Es stellt sich die Frage, wie Eltern damit umgehen können, wenn ihr Kind außer sich ist.

FRUSTRATIONSTOLERANZ

Auch Klein- und Kindergartenkinder nehmen schon ziemlich deutlich wahr, wenn es zwischen Wollen und Können eine Diskrepanz gibt. Während manche scheinbar unbeeindruckt von Misserfolgen sich immer wieder an einer Tätigkeit ausprobieren, reagieren andere auf das fehlende Erfolgserlebnis schnell mit Frustration. Einige Kinder teilen ihre Enttäuschung eher mit Wut und Zornesausbrüchen mit, andere Kinder ziehen sich zurück und sind in sich gekehrt.

Frustrationstoleranz ist Kindern nicht einfach gegeben. Sie muss erlernt, erfahren und auch vorgelebt werden. Um sich zu verdeutlichen, wie es einem Kind geht, das gerade mit seiner Enttäuschung nicht gut umgehen kann, stellen Sie sich folgende Situation vor: Sie schwimmen in einem Becken und versuchen den Rand zu erreichen. Es gelingt ihnen nicht, der Rand weicht zurück. Sie versuchen immer heftiger mit den Armen und Beinen zu rudern, erreichen aber nur das Gegenteil. Die Gefühle, die hier ausgelöst werden, reichen von Wut, Aggression bis hin zu Panik. Ähnlich geht es einem Kind, dem es nicht gelingt, aus einer Verhaltensschleife herauszukommen, weil es eine Sache einfach nicht schafft oder es sie nicht bekommt.

Beim Nein bleiben

Simons Mutter hat durchgehalten. Sie ärgert sich nur über sich, weil sie nicht ruhig geblieben ist und sich doch hat provozieren lassen. Zu Hause überlegt sie, wie sie Simon helfen könnte, mit den Versuchungen an der Supermarktkasse klarzukommen, ohne mit ihm in Streit zu geraten. Aber sie ist stolz, dass sie bei ihrem Nein an der Supermarktkasse geblieben ist, obwohl ihr Sohn so getobt hat. Sie ist sich sicher: Je weniger ein Kind gewohnt ist, dass es ein „Nein“ bekommt und Mutter und Vater bei dem „Nein“ bleiben, umso heftiger wird es sich zur Wehr setzen. Denn die Erfahrung zeigt dem Kind, dass sich das „Nein“ mit Gezeter, Beschimpfungen und gewalttätigen Übergriffen aufweichen lässt. Spürt es jedoch die gestärkte innere Haltung, der gewählten Linie treu zu bleiben, wird sich – über kurz oder lang – etwas ändern.

AUSNAHMEZUSTAND TROTZPHASE

Zwischen zwei und vier Jahren durchlaufen Kinder die Trotzphase. Bei manchen ist sie harmlos und geht rasch vorbei, bei anderen werden alle Facetten exzessiv ausgelebt. Sie ist Teil der Entwicklung des Kindes. Doch das ist nun wirklich kein Trost, wenn man so ein Funken sprühendes Wutknäuel vor sich hat. Die Trotzphase stellt eine besondere Herausforderung für Eltern dar.

Grundsätzlich hilft es, sich zu sagen: Je besser es mir gelingt zu akzeptieren, dass wir gerade eine schwierige Zeit durchmachen (die aber auch irgendwann vorbei sein wird), umso gelassener kann ich während des Trotzanfalls bleiben. Wie kann das gelingen? Durch gedankliche Vorbereitung: Überlegen Sie sich vor dem Trotzanfall, wie Sie gerne in der entsprechenden Situation reagieren möchten. Und machen Sie das möglichst konkret. Gelassen und ruhig bleiben, das ist klar. Aber was heißt das genau? Was möchte ich sagen, wie möchte ich schauen, was möchte ich tun oder nicht tun? Was mache ich mit meinen Händen?

Versuchen Sie, die Trotzanfälle mit einem humorvollen Blick zu betrachten. Probieren Sie es aus! Was passiert, wenn ich den nächsten Zornesausbruch als Übung für mich selbst betrachte, meine Vorsätze anzuwenden?

Aber: Erwarten Sie nicht, dass Ihr Kind dadurch plötzlich aufhört zu schreien oder sich auf dem Boden zu wälzen. Wahrscheinlich macht es genauso weiter, als würde es Ihre Bemühungen gar nicht bemerken. Aber es macht einen großen Unterschied, ob Sie sich nach dem Trotzanfall über sich ärgern oder stolz auf sich sind, Ihr Kind durch seine Wut hindurch begleitet zu haben.

Für Simons Mutter, der die Szene an der Supermarktkasse sehr unangenehm ist, ist die Grenze klar. Ihr Dreijähriger mag zwar im Trotzalter sein, aber das heißt nicht, dass sie sich mit diesem Verhalten abfinden will. Sie wird mit ihm darüber reden, wenn er sich beruhigt hat. Außerdem nimmt sie sich vor, sich das nächste Mal nicht provozieren zu lassen. Und sie überlegt, welche Absprache sie mit Simon treffen könnte, die ihn von den Versuchungen der Supermarktkasse ablenken könnte.

BEWÄHRTE TIPPS VON ELTERN

- Eine Familienregel einführen: Beim wöchentlichen Großeinkauf darf sich jedes Kind eine Sache aussuchen, die es unter der Woche gerne essen möchte.
- Nach dem Einkauf geht man manchmal noch zur Eisdiele.
- Statt Süßigkeiten an der Kasse zu kaufen, gehen alle nach dem Einkauf noch eine halbe Stunde zum Spielplatz.
- Wenn sich eine „Krise" an der Kasse anbahnt: in den Arm nehmen, Nähe schaffen, auch wenn sich das Kind zunächst dagegen wehrt. Das Signal ist: Ich weiß, das ist nicht leicht für dich. Ich bin da, ich habe dich lieb.

Eltern müssen klare Grenzen setzen. Sie müssen sagen und zeigen: „Es ist okay, dass du wütend bist. Aber es ist nicht okay, wenn du dabei jemandem wehtust oder etwas kaputt machst." Das Gefühl „Wut" ist nicht verboten, im Gegenteil, alle Gefühle sind wichtig und richtig. Natürlich werden Kinder wütend, aber sie müssen lernen, wie sie damit umgehen können, ohne andere zu verletzen. Nach dem Wutanfall kann man darüber sprechen und dem Kind vorschlagen, nächstes Mal etwas anderes zu probieren. Vorher wird man es, da es in diesem Moment noch ganz von seinen Gefühlen beherrscht wird – nicht erreichen. Je jünger das Kind ist, umso eher braucht es Hilfe, um wieder ruhig zu werden und zuhören zu können.

Wenn die Wut hochkocht

Damit das Kind seine Gefühle besser einzuschätzen lernt, kann die Mutter, wenn sie sieht, dass ihr Kind bald zu explodieren droht, diese Gefühle in Worte fassen, zum Beispiel: „Dieser Reißverschluss ist aber auch wirklich blöd. Der nervt dich, oder?" Das Kind wird innehalten und in diesem Moment feststellen, dass Wutgefühle auch abflauen können, ja beherrschbar sind. Es ist zwar noch immer frustriert, weil es den Reißverschluss nicht zubekommt, aber es fühlt sich verstanden und nicht alleine mit diesem starken Gefühl.

DAMIT AUS WUT KEINE GEWALT WIRD, KÖNNEN KINDER FOLGENDES AUSPROBIEREN:

- Frust abbauen:
  - Die Treppe rauf und runter rennen;
  - mit den Füßen auf den Boden stampfen;
  - in ein Kissen boxen;
  - in ein anderes Zimmer gehen und laut schreien.
- In einer Streitsituation:
  - Weggehen;
  - deutlich sagen, was einen aufregt: „Lass mich in Ruhe, sonst werde ich richtig wütend." Das darf man ruhig so sagen, dass der andere merkt: „Ui, der ist sauer.";
  - Erwachsene um Hilfe bitten, wenn der andere trotzdem nicht aufhört, einen zu ärgern.

Kinder sollen lernen, mit ihren Gefühlen umzugehen. Das gilt es einzufordern. Wenn Finn den Impuls spürt, Erik die Schaufel auf den Kopf zu donnern, weil der so doof ist und dauernd seine Sandburg kaputt macht, muss er lernen, diesem Impuls nicht nachzugeben. Da ist es die Aufgabe der Eltern, dem Kind klarzumachen, dass das nicht in Ordnung ist. Eindeutig, entschieden, unverrückbar.

Finn kann lernen, sich mit Worten zu helfen und zu wehren: „Lass das! Mach meine Burg nicht kaputt!“ oder „Stopp! Das macht mich wütend!“ Finn weiß dann: Die Wut ist okay, aber nicht das Wehtun oder Kaputtmachen.

Jetzt mach doch mal!

STRESS AM MORGEN

Die Uhr an der Mikrowelle zeigt 07:15. Jakob und Pauline haben ihre Müslischüsseln leer gegessen. Pauline malt Muster in die restliche Milch und Jakob hängt müde auf dem Stuhl.

„Los, Zähne putzen und anziehen, ihr Zwei!“, fordert Simone, die Mutter, sie auf. Simone ist schon seit sechs Uhr wach, hat die Brotboxen und Trinkflaschen für ihre Kinder gefüllt, sich geschminkt und für die Arbeit angezogen. Als Rezeptionistin in einem großen Unternehmen wird Pünktlichkeit von ihr erwartet. Simones Mann, der im Schichtdienst arbeitet, ist schon um halb fünf aus dem Haus gegangen.

Jakob und Pauline machen keine Anstalten, Zähne putzen zu gehen. Sie amüsieren sich mit der Cornflakes-Schachtel, auf der bunte Figuren auf einem Spielfeld abgedruckt sind.

„Schluss jetzt!“ Simone entreißt den Kindern die Schachtel und schiebt sie Richtung Flur. „Putzt jetzt sofort die Zähne und zieht euch an, sonst komme ich wieder zu spät.“

Es ist Viertel vor acht, als Simone die Kinder wieder ins Untergeschoss scheucht. „Zieht euch schnell die Schuhe an, los, los!“

Jakob setzt sich auf den Boden. Seine Schuhe haben Klettverschlüsse. Die wurden extra angeschafft, weil er beim Schuheanziehen immer so lange gebraucht hat. Pauline schlüpft in ihre Sandalen. Als sie mit etwas Mühe auch die zweite Schnalle zubekommen hat, ruft ihre Mutter aus: „Du kannst doch heute keine Sandalen anziehen. Es schüttet, schau doch mal raus.“

Das macht Pauline. Sie läuft zum Küchenfenster und schaut raus.

„Pauline, komm jetzt her", beordert die Mutter sie wieder zurück. Sie schaut auf die Uhr. „Es ist schon fünf vor acht. Das schaffe ich nie. Ich komme schon wieder zu spät, verdammt!"

Eigentlich müssten Simone und die Kinder spätestens um Viertel vor acht ins Auto steigen, damit die Mutter Zeit hat, sie im Kindergarten einigermaßen in Ruhe abzugeben und rechtzeitig an ihrer Arbeitsstelle in der Innenstadt anzukommen. Doch das gelingt selten. Die Eltern haben sich nicht für den kommunalen Kindergarten in der Siedlung, sondern einen Montessori-Kindergarten im Nachbarort entschieden.

Wie so häufig „übergibt" die Mutter Jakob und Pauline mit einigen eiligen Worten der Erzieherin, hetzt zum Parkplatz zurück und stellt sich in den Stau, der ab acht Uhr besonders zäh wird. Außer Atem trifft sie an ihrem Arbeitsplatz ein und entschuldigt sich bei ihrer Kollegin für ihr Zuspätkommen.

In vielen Familien geht es morgens ähnlich wie bei Jakob und Pauline zu. Die Mutter treibt an, ist gestresst und ungeduldig und findet das selbst schrecklich. Die Kinder haben sich daran gewöhnt und sind je nach Tagesform mal kooperativer und mal nicht.

Simone und ihr Mann haben bei ihrer Wahl des Kindergartens großen Wert auf die pädagogische Ausrichtung der Institution gelegt und lange überlegt, ob sie nicht doch dem viel näher liegenden Kindergarten in der Wohnsiedlung den Vorzug geben sollen. Letztendlich gefiel ihnen das Konzept des Montessori-Kindergartens deutlich besser, was allerdings jeden Morgen einen nicht unerheblichen Umweg bedeutet.

Viele Eltern nehmen heutzutage Umwege und zusätzlichen Zeitaufwand in Kauf, um ihre Kinder in bestimmte Einrichtungen zu bringen, die sich im erzieherischen Konzept und im Bildungsverständnis unterscheiden. Für einige Eltern spielt auch der Wunsch nach einer bestimmten religiösen Bildung eine Rolle. Außerdem kommt den Betreuungszeiten eine große Bedeutung zu. Letztendlich gibt es darauf, wie man all die Faktoren gewichtet, keine eindeutige Antwort. Sie muss immer persönlich gefunden werden. Dennoch sollten lange Wege beim Hinbringen und Abholen durchaus eine Rolle bei der Wahl des Kindergartens spielen. Befindet er sich im selben Wohnviertel wie das Zuhause, wohnen zudem die Spielkameraden nicht weit weg, sodass sich die Kinder auch außerhalb der Betreuungszeit gut zum Spielen treffen können, beziehungsweise kann man mit anderen Müttern ein gutes Netzwerk aufbauen, um sich auch mal auszuhelfen.

Gemeinsam nach Lösungen suchen

Für Simone und ihre Kinder wäre es eine große Verbesserung, etwas früher aufzustehen und mit einem geordneten Ablauf den Morgen zu strukturieren und zu entzerren. Sie beschließt also, die Kinder eine Viertelstunde früher zu wecken. Außerdem bespricht sie mit ihnen beim „Familienrat", was und in welcher Reihenfolge morgens zu machen ist. Pauline schlägt vor, dass sie – wie ihre Freundin – abends die Kleider für den nächsten Tag zurechtlegt. Das findet Simone prima. Sie wird das Gleiche mit dem jüngeren Jakob machen. Ach, dann könnten sich die beiden doch anziehen, bevor sie zum Frühstück runterkommen. Die Familie beschließt, noch am selben Abend mit der Vorbereitung des nächsten Morgens zu beginnen.

BEWÄHRTE TIPPS VON ELTERN

In vielen Familien gibt es Rituale und Absprachen, die dazu dienen, die bekannten Stressfaktoren am Morgen zu vermeiden. Solche Familienregeln sind einfach und sehr wirkungsvoll. Hier einige Beispiele:

- Abends die Kleidung für den nächsten Tag rauslegen. Da können ältere Kinder schon gut mit entscheiden. Morgens wird dann aber auch nichts mehr daran geändert (zumindest, wenn nicht über Nacht ein Orkantief herangezogen ist). Wenn das Kind morgens dann unbedingt doch das andere Lieblingsshirt anziehen will, plant man das für den nächsten Tag ein.
- Alle stehen eine Viertelstunde früher auf.
- Die Frühstücksbox und das Getränk für den nächsten Tag werden soweit möglich schon am Abend vorher vorbereitet. Der Kindergartenrucksack wird am Abend vorher auf Sammelobjekte durchforstet und für den nächsten Tag bereitgelegt.
- Am Abend vorher gemeinsam mit dem Kind überlegen, ob morgen etwas Besonderes in den Kindergarten mitzubringen ist.
- In einem Haus mit vielen Stockwerken: Im Gäste-WC steht am Waschbecken für alle eine zweite Zahnbürste mit der Lieblingszahnpasta.
- Abschied vom Perfektionismus. Solange ein Kind nicht zu erfrieren droht, weil Minusgrade herrschen und meterhoher Schnee liegt, kann es auch im Winter mal Sandalen und kurze Hosen anziehen, zumindest mit einer Strumpfhose drunter. Und ob der lila-weiß gestreifte Pulli zu dem rot-gelb gepunkteten Rock passt, darüber kann man sich, muss man sich aber nicht streiten.
- Eine für alle sichtbare Uhr, auf der neben den Zahlen Bilder sind, z. B. ein Auto bei der acht, wenn die Familie dann aus dem Haus gehen muss.
- Mutter und Vater vereinbaren ein Codewort: Wenn einer ins ungeduldige respektlose Antreiben verfällt, beschuldigt und überhaupt zu viel redet, darf der Partner mit dem Codewort ein „Stopp" signalisieren.
- Abends den Frühstückstisch decken.

Kinder leben im Moment

Viele Eltern beklagen, dass ihre Kinder morgens trödeln. Für Kinder bis zum Vorschulalter ist viel oder wenig Zeit kein Konzept, mit dem sie etwas anfangen können. Zudem können Kinder das, was wir Erwachsenen in teuren Abendkursen wieder zu lernen versuchen, nämlich im Moment zu leben, achtsam zu sein, alles um sich herum zu vergessen, einfach so. Es ist ihr primäres Lebenskonzept. Schon morgens beginnen Kinder zu spielen, versunken und konzentriert. Spielen ist bei Kindern gleichbedeutend mit Lernen. Deswegen ist Trödeln auch im Allgemeinen nichts, was Kinder bewusst tun, geschweige denn in bösartiger Absicht. Sie befinden sich in ihrer eigenen Welt, und da kommen Uhren, Outlook und Terminkalender nicht vor.

Doch es führt nun mal kein Weg daran vorbei: In den meisten Familien müssen Eltern und Kinder zu einer bestimmten Zeit spätestens das Haus verlassen, um alles auf die Reihe zu kriegen. Durch etwas Vorbereitung am Abend vorher, einen großzügigen Zeitraum für den morgendlichen Ablauf und der Einübung einer Routine können Eltern dieses Thema deutlich entspannen.

Wenn ein Kind sich jeden Tag taub stellt und sich jeder Aufforderung verweigert, wenn Trödeleien wirklich vorsätzlich geschehen, dann muss man sich fragen, was dahinter steckt. Manche Kinder, die insgesamt unter zu wenig positiver Aufmerksamkeit und zu wenig ermutigendem Zutrauen ihrer Eltern leiden, haben entdeckt, dass Trödeln ihnen Macht verleiht. Das äußert sich etwa darin, dass sie sich elterntaub zeigen. Je mehr die Eltern erinnern, auf das Kind einreden, umso stärker fühlt es sich. Zieht es dann – endlich – zum Beispiel die Schuhe an, geschieht das derart langsam, dass auch die geduldigste Mutter der Provokation nachgibt. Sie schimpft und tobt – das Kind hat „gewonnen“, denn alle in der Familie – oder in der Kindergartengruppe – schauen jetzt nur auf dieses Kind.

TRÖDELN ODER STÖREN ALS MACHTMITTEL

Ein Kind, das sich Aufmerksamkeit durch störendes Verhalten ertrotzt, ist in einem verheerenden Verhaltensmuster gefangen. Es hat schlichtweg keine anderen Strategien zur Hand, um bemerkt zu werden und Nähe herzustellen. Dank der Neurobiologie wissen wir heute, dass sich im Gehirn dieser Kinder Verknüpfungen ausbilden und festigen, die dieses Verhalten weiter befördern. Wenn niemand dem Kind hilft, wird es sich immer noch respektloser, dreister und aggressiver verhalten.

Eigentlich möchte so ein Kind Nähe spüren. Es möchte die Bindung zu seinen Bezugspersonen bestätigt wissen. Wie kann man als Mutter oder Erzieherin helfen? Hier führen nur neue Wege heraus – die alten Verhaltensmuster haben ausgedient.

Ein guter Weg: In den Arm nehmen, und das müssen die Erwachsenen trotz ihres Ärgers und des Gekränktseins auch versuchen. Das ist manchmal schwer. Aber körperliche Nähe sendet das Signal: Ich bin da. Ich habe dich lieb.

Noch ein Weg: Nach dem Guten im Kind zu suchen. Irgendetwas macht auch das verhaltensauffälligste Kind gut – danach zu suchen und es dem Kind zu sagen, wie gut es dieses oder jenes gemacht hat, eröffnet neue Perspektiven.

Ein weiterer Weg: Dem Kind Verantwortung übertragen, ihm Gelegenheiten geben, sich nützlich zu machen. Das muss nichts Spektakuläres sein. Dem Kind kann zum Beispiel zu Hause das Abwischen des Tischs nach der gemeinsamen Mahlzeit übertragen werden oder das Füttern der Katze, in der Kindergartengruppe kann es für das Gießen der Zimmerpflanzen zuständig sein. Oder seine Meinung zählt, wenn es darum geht, wo die Bauecke nächsten Monat aufgebaut werden soll. Das Kind wird spüren: Die Großen trauen mir etwas zu. Sie finden mich wichtig, nicht nur, wenn ich Ärger mache. In dem Maß, wie es durch ermutigende Worte und Gesten selbstbewusster und respektvoller wird, weil es merkt, dass es positive Aufmerksamkeit erfährt, nimmt auch häufig das schwierige Verhalten ab.

Kackabrot

LUSTIG ODER NICHT LUSTIG?

„Kacka, kacka, kacka, kacka, kacka." David sitzt auf der Schaukel und singt. Ole, sein Spielkamerad, schaut ihn zunächst erstaunt an, dann stimmt er laut mit ein. „Kacka, kacka." Die Jungs kichern und lachen.

Die Mütter von Ole und David nehmen es gelassen. Sie verdrehen die Augen und unterhalten sich dann weiter.

Ganz anders Tims Mutter. Als der auch noch beginnt, lauthals mitzusingen, geht sie zu ihm und sagt mit erhobenem Zeigefinger: „Das ist ja eklig. Hör sofort auf damit! Sonst gehen wir nach Hause!"

Tim beißt sich auf die Lippe. Ole und David schauen ihn an und alle drei Jungen kichern wieder.

„Kackaaaaa!", geht es wieder los.

Wütend schaut Tims Mutter zu den anderen Müttern hinüber und ruft: „Tim, wir gehen!"

Widerwillig kommt Tim mit.

Beim Abendessen ist die Stimmung gelassen. Papa macht Grimassen. Tim macht sie nach. Papa spielt mit Worten: „Käse mit Brot. Käsebrot. Brotkäse." Tim macht mit: „Kacka mit Brot. Kackabrot!"

„Igitt, Tim, mir vergeht der Appetit", ruft die Mutter angewidert aus. „Und du lachst auch noch darüber", beschwert sie sich bei ihrem Mann.

Die Männer schauen sich verschwörerisch an und prusten los.

Fast jedes Kindergartenkind fällt mal mehr, mal weniger durch eine gewisse Faszination für dieses Thema auf. Dies hängt durchaus mit der Bedeutsamkeit der Sauberkeitsentwicklung für eine gesunde körperliche und psychische Entwicklung zusammen. Und auf eine gute Kontrolle über Harnblase und Darm darf ein Kleinkind durchaus stolz sein – „Schau mal, das ist mein Kacka!" Umso irritierender für das Kind, wenn das, was im privaten Zuhause von den Eltern mit Lob verbunden wird, in der Öffentlichkeit beziehungsweise vor anderen als verboten oder peinlich gilt: „Zu Hause war Mama doch noch ganz stolz darauf."

Anerkennung bei Gleichaltrigen

Im Kindergarten findet ein Kind unter den Gleichaltrigen viele Mitlacher, wenn es dauernd „Pups", „Kacka" u. Ä. wiederholt. Diese Wörter sind Tabuwörter. Das merken Kinder, und umso interessanter sind sie natürlich. Hier kann man mal was ausprobieren. Und bei den Kleinen in der Kindergartengruppe gewinnt man enorm an Anerkennung, wenn man an jedes Wort „Kacka" hängt: „Rutschkacka", „Zahnkacka" usw.

Versuchen Sie spielerisch mit dem Thema umzugehen. Je weniger verkrampft Sie sich dem Thema nähern können, umso weniger wird Ihr Kind die Notwendigkeit verspüren, Sie weiter auszutesten. Manchmal entzerrt es die Situation schon, wenn das Kind in bestimmten Situationen die Erlaubnis erhält oder im Spaß sogar aufgefordert wird, die „geliebten Worte" so oft es will und so laut es will auszurufen. Die Faszination dafür wird schnell abnehmen.

Gar nichts zu sagen wird das Kind zwar wahrscheinlich irritieren, aber mutmaßlich dazu verleiten, noch einen Versuch zu wagen, um zu sehen, wie die Mutter beim nächsten entsprechenden Ausdruck reagiert. Es will eine Reaktion, auch wenn es eine verärgerte ist. Es fordert die Grenze ein, und wir müssen sie ihm geben, sonst kann es sich auch nicht daran reiben. Weniger ist hier oft mehr. Man kann sagen: „Mir gefällt das nicht, wenn du beim Essen Pipi und Kacka sagst", oder „Ich mag das nicht. In unserem Haus sagen wir diese Wörter nur auf der Toilette."

HAND IN HAND MIT DEM KINDERGARTEN

Für Erzieherinnen sind die Versuche der Kinder, sie mit „Pipi" oder „Kacka" zu provozieren, Teil des Alltags. Sie wissen, es ist ein Schritt in der Entwicklung, den einige Kinder intensiver ausleben als andere. Trotzdem wäre es nicht gut, nie darauf zu reagieren. Kinder sagen diese Worte, gerade weil sie eine Reaktion darauf sehen und hören wollen. Wie bei jeder Provokation befeuert man den Provokateur, wenn man aus der Fassung gerät, „Igitt" ruft oder schimpft.

Deutlich langweiliger für das Kind ist es, wenn der Erwachsene ruhig und sachlich sagt: „Ich mag das nicht!" Erzieherinnen fragen auch schon mal: „Musst du jetzt zur Toilette?" Bei solchen Reaktionen macht es einfach mit der Zeit weniger Spaß, „eklige" Worte zu rufen.

Tür zu!

WENN TÜREN NICHT GESCHLOSSEN WERDEN

„Nee, jetzt steht die Toilettentür schon wieder offen! Mara, ist das wirklich so schwer, die Tür hinterher wieder zuzumachen?", stöhnt Susanne und schließt die Tür. „Wie oft ich das schon gesagt habe!" Falls Mara ihre Mutter gehört hat, zeigt sie zumindest keine Reaktion und spielt weiter mit der Puppe.

Die Mutter räumt den Tisch ab und redet dabei weiter. „Ich lass doch auch nicht dauernd alle Türen offen. Daran könnt ihr doch auch mal denken."

Mara spielt weiter, während ihre Mutter die Spülmaschine ausräumt.

Kinder sind verträumt und finden vieles nicht wichtig, was Erwachsene wichtig finden. Sie leben in ihrer eigenen Welt und beim Spielen vergessen sie die Zeit. Das ist Kindheit und das ist gut so.

Erwachsene wissen das. Aber das ist kein Grund, dauernd nachsichtig zu sein und nichts von den Kindern zu fordern. Vor allem dann nicht, wenn man selbst ziemlich genervt davon ist, dass die eigenen Bedürfnisse so gar nicht zu zählen scheinen.

Was wünscht sich Susanne? Mara soll die Tür nach dem Benutzen der Toilette wieder schließen. Würde Mara sich das zu Herzen nehmen, wäre das Familienleben um ein Konfliktthema ärmer. Sie müsste allerdings daran denken und dabei braucht sie Hilfe. So lange, bis es ihr in Fleisch und Blut übergangen ist, und das kann drei bis vier Wochen dauern. Warum passiert das nicht? Ein Grund ist, dass Susanne Mara nie erklärt hat, warum ihr das Schließen der Toilettentür wichtig ist, nämlich weil sie nicht dauernd auf eine Toilette gucken will, weil es manchmal nicht gut riecht und weil sie es rücksichtslos findet. Ein anderer Grund ist die Art, wie Susanne Mara ermahnt. Das Gejammer ihrer Mutter geht bei Mara „hier rein und da raus“. Außerdem weiß sie, dass Mama ja sowieso die Tür selbst zumacht. Es gibt also keinen Grund, sich anzustrengen.

KLEINE SCHRITTE

Wenn sich etwas als „Mamas Job" etabliert hat, kostet es Anstrengung, andere Familienmitglieder dafür zu gewinnen, ebenfalls Verantwortung für diesen „Job" zu übernehmen. Es erfordert Kraft und Geduld. Zu erinnern und darauf zu bestehen kostet Zeit. Da verfällt man leicht in alte Gewohnheiten wie „Das habe ich schneller selbst gemacht!"

Das gilt auch für andere Situationen im Alltag, etwa die verschüttete Milch aufzuwischen, Schuhe so hinzustellen, dass man noch durch den Flur laufen kann oder sein dreckiges Geschirr direkt in die Spülmaschine zu räumen. Mütter wissen, dass ihnen all das schneller von der Hand geht als den anfangs noch unerfahrenen Kindern. Auf den ersten Blick erscheint es einfacher, ja sogar bequemer, es selbst zu erledigen, als zu zeigen, zu erklären, zu warten und zu erinnern. Zusätzlich muss man auch noch dagegen ankämpfen, die hohen Standards, die man sich selbst in vielen Lebensjahren angeeignet hat, nicht sofort von den Kindern zu verlangen.

Es hilft, sich für die nächsten Wochen eine Sache vorzunehmen. Wenn diese dann so gut wie selbstverständlich geworden ist, kann man die nächste Aufgabe angehen. Neue Gewohnheiten aufzubauen dauert einfach mehrere Wochen. Diese Zeit muss man den Kindern und sich selbst geben.

Nicht nölen, sondern klären

Was könnte Susanne tun? Sie könnte die Familienregel aufstellen: Wer die Toilettentüre öffnet, schließt sie gleich darauf wieder. In einem ruhigen Moment sollten die beiden darüber reden – und sich dabei in die Augen schauen. Bestimmt wird sie Mara in den kommenden Wochen immer mal daran erinnern müssen. Ohne beleidigte Selbstgespräche – „Wie oft ich das schon gesagt habe“ – ohne Fragen über Wieso und Warum. Die Sache ist geklärt, und die Familienregel gilt. Da genügt dann ein: „Mara, mach bitte die Toilettentür zu!“ oder „Die Toilettentür!“ Kein Geschimpfe, kein Gejammer. Aber nicht aufgeben. Und ja nicht dem Impuls nachgeben, es rasch selbst zu machen, weil das ja schneller geht, als jetzt wieder zu erinnern und zu warten.

Mara würde dabei lernen, dass es wichtig ist, darauf Rücksicht zu nehmen, was andere stört, auch wenn es einem selbst vielleicht gar nichts bedeutet. Und für Susanne gäbe es nach einiger Zeit eine Sache weniger, über die sie sich aufregen müsste und die in der Familie für schlechte Stimmung sorgt.

HAND IN HAND MIT DEM KINDERGARTEN

Erzieherinnen haben ebenso wie Eltern mit schlechten Angewohnheiten der Kinder zu kämpfen. Sie wissen, dass man nicht nachlassen darf, auch wenn es mühsam ist. Nur wenn die Erwachsenen dran bleiben, wird das Kind eine schlechte Angewohnheit ablegen. Das erfordert Geduld und Unnachgiebigkeit.

Sag „Guten Tag!"

PEINLICH, PEINLICH

Nach dem Einkaufen hilft Liana ihrer Mutter, die Einkäufe im Kofferraum zu verstauen.

„Darf ich zu Hause gleich einen Fruchtzwerg essen? Kann ich zu Celine gehen? Ich will Fahrrad fahren." Liana ist kaum zu bremsen in ihrer Unternehmungslust.

„Guten Tag, Frau Lehner!", sagt jemand hinter ihnen.

Lianas Mutter dreht sich um. Vor ihr steht ihr Abteilungsleiter Herr Simmer.

„Ach, das ist ja eine Überraschung. Gehen Sie auch hier einkaufen, Herr Simmer?", begrüßt ihn die Mutter.

„Ja, und das ist sicher Ihre Tochter", sagt der Abteilungsleiter. Er beugt sich ein wenig zu Liana hinunter und streckt ihr die Hand entgegen.

Liana schaut unsicher zu Boden und versteckt sich hinter der Mutter.

„Liana, das ist Herr Simmer. Mit ihm arbeite ich im Büro zusammen. Kannst du bitte Guten Tag sagen?"

Ihre Tochter schaut den fremden Mann kurz an und drängt sich noch mehr an die Mutter.

Lianas Mutter schiebt sie vor und sagt leicht gereizt: „Liana, was soll denn das?"

Herr Simmer lächelt. „Das macht doch nichts. Bis morgen dann, Frau Lehner. Tschüss, Liana!"

Als er weg ist, schaut die Mutter Liana böse an. „Wieso gibst du meinem Chef nicht die Hand? Das ist unmöglich!"

In Lianas Gesicht ist eine Mischung aus Trotz und Unglück zu lesen. Die Mutter räumt wütend den Rest ins Auto.

„Setz dich rein!", blafft sie unwirsch.

Mit Tränen in den Augen gehorcht Liana.

Abends erzählt die Mutter ihrem Mann von dem Zusammentreffen auf dem Parkplatz. Der findet das gar nicht so schlimm. Lianas Mutter aber ärgert sich immer noch. Sie legt Wert darauf, dass ihre Tochter in solchen Situationen grüßt.

Die Wut der Mutter ist nachvollziehbar. Sie hat Sorge, dass ihr Vorgesetzter jetzt denkt, ihr Kind wäre schlecht erzogen und hätte überhaupt kein Benehmen. Sie fühlt sich blamiert. Andere Eltern, die dazu eine andere Einstellung haben, mögen das anders empfinden, aber das hilft hier nicht. Wenn Lianas Mutter das wichtig ist, wird es wieder zu solchen Situationen kommen.

Eine Lösung könnte sein, dass sie Liana in einem ruhigen Moment erklärt, wie viel ihr daran liegt, dass Liana grüßt, wenn sie mit ihr jemanden trifft. Sie könnte Liana sagen, dass sie selbst auch gerne gegrüßt werden möchte. Sie begründet das damit, dass man damit Respekt vor dem anderen Menschen zeigt.

Um es Liana leichter zu machen, wäre es sinnvoll, nicht darauf zu bestehen, dass Liana die Hand geben muss. Ein erwidertes „Guten Tag!" reicht bei Kindern jüngeren Alters vollkommen aus, und zum Üben kann das ruhig aus dem sicheren Versteck hinter Mama kommen. Und einen fremden Menschen zu berühren sollte ohnehin kein Zwang sein.

Vorbild sein

Wir alle wollen, dass unsere Kinder zumindest einfache Benimmregeln im Umgang mit anderen Menschen lernen. Ganz selbstverständlich Bitte und Danke zu sagen gehört dazu, sei es in der Familie, im Kindergarten oder bei anderer Gelegenheit. Hier sind wir als Vorbilder gefragt. Wenn wir bitten und danken, werden unsere Kinder dies auch lernen und uns nachtun. Soziales Verhalten kommt mit der Zeit von alleine, wenn Eltern entsprechende Vorbilder sind.

Trotzdem bringt einen das eigene Kind gelegentlich richtig in Verlegenheit. Wir finden sein Verhalten peinlich, ja, wir schämen uns sogar dafür. Etwa wenn Onkel Heiner zum Kaffeebesuch ein Geschenk für die Kinder mitbringt, und die beiden die Päckchen wortlos entgegennehmen und wieder in ihren Zimmern verschwinden, ohne sich mit einem Wort dafür zu bedanken. Gerade das Thema „Sich bedanken“ treibt mancher Mutter die Schamesröte ins Gesicht. Dabei nimmt es Onkel Heiner den Kleinen nicht übel. Von den älteren Kindern erwartet er, wie die meisten Erwachsenen, schon etwas mehr. Allerdings wird er sich nur begrenzt über ein erzwungenes „Nun sag brav Danke!“ freuen.

DAS EIGENE KIND ANNEHMEN

Während das eine Kind offen und frei auf andere Menschen zugeht, ist ein anderes schüchtern, fast ängstlich. Manchmal wächst sich die Schüchternheit bis zu einem gewissen Grad aus, doch es gibt nun mal alle Facetten von Charakteren. Eltern tun ihren Kindern nichts Gutes, wenn sie sie umkrempeln wollen. Ebenso ungut für das Kind ist es, wenn die Eltern in seinem Beisein gegenüber anderen Leuten erniedrigende Bemerkungen machen wie „Ach, unsere Kleine traut sich immer nicht" oder das Kind nötigen und beschämen, etwa mit Sätzen wie „Das ist vielleicht peinlich mit dir. Sag jetzt sofort Guten Tag!"

Viel hilfreicher ist es, mit dem Kind in einem ruhigen Moment darüber zu sprechen, es zu ermutigen und dafür zu loben, wenn es sich getraut hat.

Zu guten Umgangsformen gehört es, andere Menschen zu begrüßen und sich für Geschenke zu bedanken. Am besten hilft: Leben Sie es vor! Und loben Sie Ihr Kind, wenn es seinen Mut zusammengenommen hat, Onkel Heiner in die Augen geschaut und „Danke!" gesagt hat. Aber man sollte Kinder niemals zwingen, andere Menschen zu berühren, also die Hand zu geben, oder gar sich umarmen und abknutschen zu lassen oder sich womöglich als Dankeschön auf den Schoß zu setzen. Falls Onkel Heiner zum Dank für sein Geschenk eine Umarmung einfordert, dann ist endgültig Schluss mit „Schämen für das Kind", denn in dem Fall sollte sich Onkel Heiner schämen.

! DEIN KÖRPER GEHÖRT DIR

Kinder haben ganz unterschiedliche Vorlieben bezüglich Distanz und Nähe, erst recht wenn es um körperliche Nähe geht. Hier gilt es eher, das Kind darin zu bestärken, sich nur dann umarmen zu lassen, wenn es das auch selbst will. Kleine Kinder können lernen zu grüßen, müssen aber noch nicht die Hand geben. Ab wann Eltern das von ihnen erwarten, ist eine sehr individuelle Entscheidung.

Das schmeckt mir aber nicht!

DER KAMPF UMS ESSEN

Die Mutter möchte, dass David das Karottengemüse probiert, David will aber nicht. Vater und die älteren Geschwister stöhnen, führen ihre eigenen Gespräche und schauen hin und wieder genervt zu Mama und David. Irgendwann stehen alle auf, nur David und seine Mutter bleiben noch sitzen und fechten den Kampf um das Karottengemüse aus. Inzwischen hat die Mutter sämtliche Register gezogen – kein Nachtisch, heute Nachmittag kein Spielplatz, morgen früh kein Nutellabrot und überhaupt: Heute geht es ganz früh ins Bett!

Irgendwann gibt sie auf und würdigt David keines Blickes mehr. David weint vor sich hin, weil er so gerne auf den Spielplatz wollte, und sowieso, weil Mama jetzt so böse auf ihn ist.

Kinder und Essen – es gibt kaum ein Thema, das Eltern so sehr beschäftigt. Da wäre erst einmal die Qualität: Gesund soll es sein, nicht zu viele Süßigkeiten, voller Nährstoffe, möglichst biologisch, usw., usw. Als Nächstes machen sich die Eltern Sorgen, wenn ihr Kind nicht ausgewogen isst, zu wenig oder zu viel zu sich nimmt. In manchen Familien werden die gemeinsamen Mahlzeiten zu Kampfschauplätzen. Glücklicherweise bestehen die meisten Eltern nicht mehr darauf, den Teller leer zu essen. Doch jeden Mittag abwechselnd Spaghetti und Pfannkuchen anzubieten, ist auch keine Lösung. Und das iPad mit der Lieblingsserie auf den Tisch zu stellen, damit das Kind nicht merkt, dass es isst und was es isst, sowieso überhaupt nicht.

BEWÄHRTE TIPPS VON ELTERN

Es gibt verschiedene Möglichkeiten, wie Konflikte um das Thema Essen entschärft werden können und die Freude an den gemeinsamen Mahlzeiten wiederkehrt.

- Lieblingsessentage einführen: Jedes Familienmitglied darf sich in der Woche ein Lieblingsessen wünschen, und das essen dann alle.
- Gemeinsam in der Küche werkeln: Kochen Sie gemeinsam und lassen Sie die Zutaten auch mal roh probieren.
- Familienregel zum Aufessen: Jedes Kind darf sich selbst auftun. Was es sich nimmt, sollte es essen (das muss man ein bisschen üben, denn die Augen sind ja bekanntlich größer als der Mund).
- Andere Familienregel zum Aufstehen: Wer früher als die anderen vom Tisch aufstehen will, muss fragen. Derjenige zeigt damit: „Ich bin satt." Vom Tisch wegrennen, wieder herkommen und etwas essen, wieder wegrennen, funktioniert nicht.
- Familienregel zum Nachtisch: Wer einen vorher vereinbarten Teil der Hauptspeise aufgegessen hat, darf Nachtisch haben.
- Es wird gegessen, was auf den Tisch kommt: Klingt altmodisch, ist aber deswegen nicht falsch. Wer davon nicht essen will, muss nicht. Er bekommt aber nichts anderes.
- Familienregel zum gesunden Essen: Die Ernährungspyramide (gibt's zum Beispiel im Kindergarten) als Poster in der Küche aufhängen. Wer vom Obst oder Gemüse sowie Brot, Reis, Nudeln oder Kartoffeln gegessen hat, darf Nachttisch haben.
- Familienregel zum Probieren: Von allem, was auf dem Teller liegt, wird einmal probiert.
- Besondere Tage: Hin und wieder ist Pizza- oder Burger-Tag.
- Einmal in der Woche ein Essen zubereiten, das mit den Fingern gegessen werden darf.
- Im Kindergarten und bei Freunden nachfragen: Oft essen Kinder woanders völlig klaglos Sachen, die sie zu Hause strikt verweigern.
- Locker bleiben und darauf vertrauen, dass Kinder sich schon nehmen, was sie brauchen: Verschiedene gesunde Sachen stehen auf dem Tisch. Jeder nimmt sich, was er mag.
- Wer zwischendrin etwas Süßes oder ein Eis will, isst vorher ein Stück Obst.

Den Machtkampf entschärfen

Gemeinsam zu essen und zu trinken, lachend und plaudernd um den Tisch zu sitzen, das macht Familie aus. Familien, in denen zumindest bei einer Mahlzeit am Tag alle Großen und Kleinen zusammen essen, spüren, wie viel ihnen das gibt. So etwas gibt Struktur und Halt. Und natürlich soll es Freude machen. Artet das Essen aber zum Machtkampf aus, ist es vorbei mit der Freude. Und genau das spüren Kinder: Je wichtiger Eltern das Thema ist, umso aktiver nehmen sie auch ihren „Kampf" auf. Hier helfen Familienregeln, die eine Linie vorgeben. So müssen Eltern nicht jeden Tag neu diskutieren oder schimpfen. Das Thema verliert sein Potenzial als Machtmittel – denn oft geht es gar nicht um das Karottengemüse oder den Salat, es geht darum, nicht zu verlieren.

HAND IN HAND MIT DEM KINDERGARTEN

Wenn im Kindergarten der Teller mit den Mandarinenschnitzen herumgeht, ist es selbstverständlich, dass jedes Kind sich davon nimmt. Auch wer kein Mandarinenfan ist, muss zumindest probieren. In der Gruppe fällt es Kindern leichter, ungewohnte Nahrungsmittel zu essen. Das liegt weniger am Einfluss der Erzieherin als an der Gruppendynamik.

Davon können Eltern sich für zu Hause etwas abgucken. Wenn die Familienregel lautet „Alle probieren von allem!", dann gibt es mit der Zeit immer weniger Diskussionen am Tisch. Aber Vorsicht: Wenn Sie selbst keinen Fenchel leiden können und Ihre Schwiegermutter tischt stolz ihren berühmten Parmesan-Fenchel-Gratin auf, dann gibt es kein Entrinnen – der wird probiert! Sie werden sehen, Ihre Kinder werden Sie daran erinnern.

Das ist meine Sache!

GESUNDES FRÜHSTÜCK

Frau Rode ist sauer. Seit Wochen weist die Erzieherin Leas Mutter darauf hin, dass es nicht im Sinne der Kindertagesstätte ist, wenn Lea jeden Tag ein Nutellabrot in der Vesperbox hat. Abgesehen davon, dass ein gesundes Frühstück für Lea wichtig ist, gibt es deswegen nahezu täglich Probleme mit anderen Kindern, deren Eltern sich an die Regeln zum gesunden Frühstück halten.

Inzwischen hat die Erzieherin noch ein anderes Problem bemerkt, und auch davon hat sie der Mutter kürzlich berichtet: Lea benutzt ihre Sonderrolle, um Macht auszuüben: „Ich gebe dir von meinem Nutellabrot ab. Dafür darf ich nachher mit dir spielen. Aber ohne Maja!"

Und das ist noch nicht alles: Leas Mutter bringt und holt ihre Tochter, wann es ihr passt. Wie oft ist es schon passiert, dass die Tür während des Morgenkreises aufgestoßen wurde und alle warten mussten, bis Lea ihre Mutter mit einer umständlichen Zeremonie verabschiedet hat.

Zu Beginn der Diskussionen hatte Leas Mutter eingewandt, Lea würde ja morgens zu Hause einen Joghurt essen, der sei doch gesund. Mittlerweile reagiert sie gereizt auf Frau Rodes Bemerkungen: „Das ist meine Sache!"

An einem Donnerstagnachmittag eskaliert die Situation. Frau Rode bittet Leas Mutter, mit ihr in einen Nebenraum zu kommen, um über das Problem zu sprechen. Die Mutter weigert sich. Die Erzieherin bleibt hartnäckig. „Es gibt da wirklich ein Problem, über das wir reden sollten. Auch weil Lea mit anderen Kindern ..." Weiter kommt sie nicht. Die Mutter fährt wütend herum. „Wenn Sie ein Problem mit den anderen Kindern haben, kann ich nichts dafür. Und außerdem muss ich mir von Ihnen nichts über gesunde Ernährung erzählen lassen, so wie Sie aussehen." Mit diesen Worten stürmt sie mit Lea an der Hand aus der Kita. Die Erzieherin bleibt sprachlos zurück.

Dies alles passiert im Vorraum des Gruppenraums, vor den Augen und Ohren von Lea und anderen Eltern und Kindern.

Wie kann es in so einer verfahrenen Situation weitergehen? Eins ist klar: Beide Frauen fühlen sich von der jeweils anderen in ihrer erzieherischen Kompetenz nicht für voll genommen. Die Mutter will sich nicht reinreden lassen und hat die Erzieherin zudem beschimpft und verletzt. Mit dieser Respektlosigkeit hat sie Frau Rode vor den anderen Kindern und abholenden Eltern bloßgestellt.

Wie wirkt ein solches Verhalten auf Lea? Ihre Mutter hat sich wie eine Löwin vor Lea geworfen, was verständlich ist, denn sie ist ihre Tochter. Trotzdem wird Lea sich nicht wohlfühlen bei der Vorstellung, am nächsten Morgen wieder in der Kindergartengruppe unter der Obhut von Frau Rode zu sein. Sie wird sich hin- und hergerissen fühlen zwischen der Loyalität zu ihrer Mutter und der Autorität der Erzieherin, die sie ja auch gern hat. Ob sie sich nun deswegen offen gegen Anweisungen von Frau Rode auflehnen wird, bleibt abzuwarten.

HAND IN HAND MIT DEM KINDERGARTEN

Es kommt immer wieder vor, dass weltanschauliche und auch ganz praktische Vorstellungen – wie zum Thema Essen oder Schlafen – sich nicht mit denen der Einrichtung decken. Wenn Eltern sich bei solchen Themen von Erzieherinnen bevormundet, angegriffen oder übergangen fühlen, ist es schwer, die pädagogische Kompetenz und Erfahrung der Erzieherin anzuerkennen und ihr ein offenes Ohr zu schenken.

Je nach Temperament versuchen Eltern dann entweder einem Gespräch aus dem Weg zu gehen, „unterwandern" die Regeln kommentarlos, beharren den Erzieherinnen gegenüber umso vehementer auf ihrem Standpunkt bis hin zu aggressivem Verhalten oder suchen eben doch eine Lösung im offenen Gespräch. Dabei müssen beide Seiten ihre Positionen offen vortragen dürfen. Am Ende müssen nicht unbedingt alle einer Meinung sein, aber Ziel muss sein, für das Kind in der Gruppe eine gute Lösung zu finden, die sowohl die Regeln im Kindergarten als auch die elterlichen Bedürfnisse berücksichtigt.

Eine gemeinsame Basis finden

Im Fall von Leas Mutter und Frau Rode wäre es sinnvoll, den Vater und eine weitere Erzieherin zu dem Gespräch hinzuzuziehen. Alle sollten hierbei die Möglichkeit bekommen, ihre Gefühle und Sorgen zu äußern – auch unter Erwachsenen haben sich Ich-Botschaften anstatt Du-Vorwürfe bewährt, um beim anderen Gehör zu finden. Für einen Neuanfang wäre es überdies hilfreich, Leas Mutter könnte sich für ihre verletzenden Worte entschuldigen.

Eigentlich wünschen sich alle Mütter und Väter, dass sich ihre Kinder gesund ernähren. Ebenso möchten sie vermeiden, dass ihre Kinder übergewichtig oder durch falsche Ernährung krank werden. Dennoch gehen die Meinungen darüber, wie man das praktisch im Alltag umsetzt, sehr weit auseinander. Sämtliche Einrichtungen, in denen Kinder betreut werden, sehen sich in einer Vorreiterrolle, und gesunde Ernährung gehört zu ihrem Selbstverständnis. Je nachdem, wie rigide die Erzieherinnen das einfordern und welche Einstellung Eltern dazu haben, gibt es da eine Menge Konfliktpotenzial.

HAND IN HAND MIT DEM KINDERGARTEN

In den meisten Kindergärten wird besprochen, was den Kindern zum Frühstück eingepackt werden soll und was nicht. Süßigkeiten oder Schokoladenbrote sind da meist nicht vorgesehen, denn Kindergärten legen Wert auf gesunde Ernährung. Das bedeutet aber nicht, dass Süßes grundsätzlich verpönt ist. Vielmehr wird der Genuss von Schokolade und Kuchen als etwas Besonderes zelebriert. An Geburtstagen etwa oder wenn an Ostern Schokoladeneier versteckt werden. „Gezielt naschen" ist die Devise. Das lässt sich auch zu Hause umsetzen.

Wem das zu unrealistisch ist, der kann sich an dem Rat von Ernährungswissenschaftlern orientieren: So viel Süßes, wie in die kleine Hand passt, ist pro Tag in Ordnung.

Es wäre wünschenswert, Leas Mutter könnte verstehen, dass die Sonderrolle ihrer Tochter nicht gut tut. Natürlich merken Kinder, dass man beim gemeinsamen Frühstück in der Kindergartengruppe deutlich mehr Bewunderung für einen Schokopudding mit Schokolinsen einheimst als für ein Wurstbrot. Und natürlich merken sie, dass man damit „Macht" gewinnt. Aber dies ist nicht im Sinne der Gemeinschaft, die der Kindergarten fördern will.

Respekt vorleben

Insgesamt wird es in so einem Gespräch darum gehen, dass im Kindergarten andere Regeln herrschen als in manchen Elternhäusern. Kinder können damit im Allgemeinen gut umgehen, sofern die Eltern klarmachen: Wir machen das zu Hause so, im Kindergarten läuft es anders, und daran müssen sich alle Kinder halten. Die Erzieherinnen werden sich Leas Mutter gegenüber bestimmt Mühe geben, zu erklären, warum es diese oder jene Regel gibt, aber sie werden auf ihrer Einhaltung bestehen. Die Mutter wird ihrer Tochter klarmachen müssen, dass sie nicht mehr jeden Tag ein Nutellabrot mit in den Kindergarten nehmen kann. Das wird keine Begeisterung hervorrufen und erfordert gute Nerven, bis Lea sich an die Umstellung gewöhnt hat.

Leas Mutter tut ihrer Tochter keinen Gefallen, wenn sie ihr einen Mangel an Respekt vorlebt, Regeln und Grenzen des Kindergartens permanent infrage stellt und der Erzieherin keine Wertschätzung entgegenbringt. Schließlich möchte auch Leas Mutter respektiert werden und freundlich und höflich behandelt werden. Lebt sie ein anderes Wertemodell vor, wird ihre Tochter sich daran orientieren.

Mein Kind ist das schwarze Schaf

PAUL HAUT

„Guten Morgen, haben Sie einen Moment Zeit?", begrüßt die Erzieherin Pauls Vater. „Ich würde Sie gerne kurz sprechen, Herr Seeberger! Haben Sie und Ihre Frau nächste Woche Zeit für ein Gespräch?"

Pauls Vater reagiert verhalten. Das kann nichts Gutes bedeuten. Da er die Erzieherin nur vom Aufnahmegespräch kennt und weder er noch seine Frau bei den letzten Elternabenden zugegen waren, sind sich Erzieherin und Eltern eher fremd. Das liegt in erster Linie daran, dass Pauls Eltern sich erst vor Kurzem mit einem eigenen Tischlerunternehmen selbstständig gemacht haben und sehr eingespannt sind.

„Wir haben wenig Zeit", antwortet Herr Seeberger.

„Es wäre wirklich wichtig", insistiert die Erzieherin.

In der folgenden Woche sieht sich die Erzieherin beim Gespräch dem sorgenvollen Gesicht des Vaters und den verschränkten Armen der Mutter gegenüber.

Ruhig und sachlich erzählt die Erzieherin, wie sich Pauls Verhalten in den letzten Wochen verändert hat. Er wirft mit Bauklötzen nach anderen Kindern, er haut und bei seinen häufigen Wutanfällen wird er ebenfalls gewalttätig. Manchmal zerstört er vorsätzlich, was andere Kinder gebaut haben.

Natürlich haben die Erzieherinnen eingegriffen und versucht, mit Paul und den anderen Kindern Lösungen zu finden. Doch derzeit verschlimmert sich die Situation noch. Paul fühlt sich zunehmend ausgeschlossen und reagiert eher noch schneller mit Übergriffen, weil die Kinder ihn als Störenfried nicht dabei haben wollen.

Wenn ein Kind im Kindergarten durch Grobheiten, Rücksichtslosigkeit, wiederholte Regelverstöße, also kurz gesagt unangemessenes Verhalten, auffällt, sehen sowohl Eltern als auch Erzieherinnen einem gemeinsamen Gespräch mit gemischten Gefühlen entgegen.

Erschwerend kommt hinzu, dass Eltern manchmal gar nicht nachvollziehen können, was die Erzieherinnen ihnen da berichten, weil sich das Kind zu Hause anders verhält.

Dabei wissen Erzieherinnen sehr wohl einzuschätzen, wann ein gewalttätiges Verhalten über das „normale" Maß hinausgeht, denn jedes Kind schubst mal, schlägt ein anderes Kind oder macht etwas kaputt. Es gibt aber immer wieder Kinder, die ihre Gefühle kaum unter Kontrolle haben, und da gilt es – in Zusammenarbeit mit den Eltern – gegenzusteuern.

GEFÜHLE BEIM ANDEREN LESEN

Was tun, wenn das eigene Kind andere haut, beißt oder zwickt? Zunächst sollte man es, auch wenn es schwer fällt, nicht verurteilen. Das Kind ist ja nicht böse, eher verzweifelt und hilflos. Es braucht keine Vorwürfe, sondern Zuwendung und Verständnis. Es weiß offensichtlich nicht, wohin mit seinen Gefühlen. Eltern und Erzieherinnen müssen ihm Wege aufzeigen, seine Gefühle unter Kontrolle zu bringen und nicht von den überschäumenden Gefühlen kontrolliert zu werden.

Kleine Kinder müssen erst lernen, empathisch zu denken, das heißt sich in andere hineinzuversetzen. Diese Fähigkeit beginnt ab etwa eineinhalb bis zwei Jahren, muss jedoch noch durch Erfahrungen jeglicher Art entwickelt werden. Erste Anfänge von Empathie sind im Alter von zwei Jahren zu beobachten: Das Geschwisterkind gibt dem kleinen Geschwistersäugling den Schnuller, weil es weint. Es ahmt das empathische Verhalten der Eltern nach. Es kann das auch in Worte fassen. Ein wirkliches Mitfühlen im engeren Sinne ist das noch nicht. Erst im Alter von vier bis fünf Jahren können Kinder sich auch teilweise vorstellen, wie es einer anderen Person geht, und erst dann ist es hilfreich zu fragen: „Wie würdest du dich fühlen, wenn dir jemand auf den Kopf haut?"

Kinder sollen wissen, dass auch Gefühle wie Zorn, Ärger und Frust durchaus einen Platz in ihrem Leben haben. Die Erwachsenen kennen Möglichkeiten, wie man damit umgehen kann, ohne Gewalt auszuüben oder etwas kaputt zu machen. Nicht die Gefühle sind falsch, sondern die Gewalt.

Klare No-Go-Grenzen setzen

Merkt das Kind, dass seine Eltern ein bisschen Hauen und Schubsen unter bestimmten Umständen verständlich und gar nicht so schlimm finden, wird es damit nicht aufhören. Es kommt demnach darauf an, ob Mutter und Vater sich über die Werte klar geworden sind, die sie ihrem Kind im Zusammenhang mit Gewalt vermitteln wollen. Friedfertigkeit und Kooperation? Durchsetzungsfähigkeit bis zu welchem Punkt? „Lass dir das nicht gefallen und hau zurück!" Kinder registrieren all das sehr genau. Bekommen sie zu hören „Bis hierhin und nicht weiter!" und erleben, dass es dahinter doch „weitergeht", werden sie sich nicht an die Regeln halten.

Nun wenden manche Mütter und Väter ein, dass so ein herumgeworfener Bauklotz und ein bisschen Schubsen und Hauen doch noch nichts mit Gewalt zu tun hat – „Er weiß es halt noch nicht besser." Das stimmt, Boxen und Hauen haben bei Kindern oft mit Stress oder Überforderung zu tun, und sie wissen dann nicht, wohin mit sich. Dennoch müssen hier klare No-Go-Grenzen gezogen werden, und gleichzeitig können Eltern und Erzieher andere Wege vorschlagen, mit diesen starken Gefühlen umzugehen und etwas anderes auszuprobieren.

In Pauls Fall versucht die Erzieherin im Gespräch mit den Eltern zu klären, ob es in der Familiensituation irgendwelche gravierenden Veränderungen gegeben hat, die Pauls Verhalten erklären könnten. Sie versucht auch zu vermitteln, dass sie gemeinsam mit den Eltern arbeiten will. Sie erzählt, mit welchen Strategien sie versuchen, Paul zu helfen. Auf die Frage, ob Paul zu Hause auch haut oder Sachen kaputt macht, meint der Vater, das wäre bei Jungen doch normal, die hätten eben viel Energie und müssten manchmal Dampf ablassen. Die Erzieherin besteht darauf, dass es für Paul wichtig ist zu lernen, Dampf anders abzulassen, ohne Gewalt und Zerstörung. Erst nachdem die Erzieherin erläutert, wie wichtig ein gewaltfreier Umgang dem Kindergarten sei und dass dies auch für Pauls Entwicklung wichtig sei, nicken die Eltern. Sie stimmen zu, zu Hause mit Paul darüber zu reden. Die Erzieherin bittet sie, nicht zu schimpfen, sondern Paul zu fragen: „Was ärgert dich am meisten? Was macht es mit dir? Wie könntest du es wiedergutmachen, wenn du jemandem wehgetan hast? Was könntest du machen, um die Wut anzuhalten? Was kann dir dabei helfen?“

Am Kindergartenleben teilhaben

Außerdem wird vereinbart, dass die Erzieherin beim Abholen eine kurze Rückmeldung gibt, wie der Tag verlaufen ist. So können beide Seiten im Austausch über Fortschritte und Veränderungen bleiben. Außerdem schlägt sie vor, dass Pauls Vater und Mutter beim kommenden Kindergartenprojekt zum Thema „Meine Mama/mein Papa ist Handwerker“ mitmachen. Bei dieser Gelegenheit können sie ihren Sohn in der Gruppe miterleben, lernen das Kindergartenleben mit seinem Tagesablauf und seinen Regeln kennen und sehen auch, wie die Erzieherin mit den Kindern umgeht. Ihrer Erfahrung nach führt das zu einem deutlich verbesserten und vertrauensvolleren Verhältnis zwischen ihr und den Eltern.

In der Tat lernen sich Eltern und Erzieherinnen bei solchen Gelegenheiten auf eine andere Art als beim manchmal doch recht formellen Elterngespräch kennen – und schätzen. Die Mutter oder der Vater können sich mit ihren besonderen Fähigkeiten einbringen. Eltern haben noch einen anderen Gewinn: Sie sehen, wie sich ihr Kind in der Kindergartenumgebung bewegt und lernen die Rituale der Gruppe kennen.

HAND IN HAND MIT DEM KINDERGARTEN

Im Kindergarten kommt es immer wieder zu Situationen, in denen die Erzieherin Kinder mit körperlich aggressivem Verhalten zur Ordnung rufen muss. Um das soziale Miteinander zu stärken, wird hier manchmal so verfahren: Man bringt die beiden Kinder zusammen und fordert das Kind, das dem anderen wehgetan hat, auf: „Du, schau ihm ins Gesicht!" So übt es, Traurigkeit und Freude zu lesen, in der Mimik und in der Körperhaltung. Auf diese Weise wächst die Fähigkeit, die Gefühle des anderen wahrzunehmen und zu interpretieren. Rücksichtnahme, Respekt, Friedfertigkeit und Streitkultur finden ihren Platz im Weltbild des Kindes.

Oder die Erzieherin nimmt das Kind zur Seite und sagt: „Du bist ganz schön wütend auf Jan. Möchtest du ihm mit Worten sagen, was dich so ärgert?"

Wenn ein Kind schubst, schlägt, tritt oder beißt, kann auch im Stuhlkreis darüber gesprochen werden. Dabei wird zunächst, ohne zu werten, über das Warum gesprochen und nach Vorschlägen gefragt, wie die Kinder das Problem lösen würden. Häufig hilft das Gespräch in der Gruppe, die Situation zu entspannen.

Sich gegenseitig besser kennenlernen

Seltsamerweise erfreuen sich grundsätzlich weder Einzel-Elterngespräche noch Elternabende und Vortragsabende besonders großer

Beliebtheit bei den meisten Eltern. Selbst wenn es keinen konkreten Anlass gibt wie hier bei Pauls Eltern. „Ich muss heute zum Elternabend“, stöhnen wir dann. Oder: „Die Erzieherin hat gesagt, ich soll einen Termin mit ihr ausmachen“, berichten wir genervt der Kollegin. Da schwingt mit, dass man doch wirklich schon genug um die Ohren hat, dass Elternabende entweder langweilig sind oder von übereifrigen Profimüttern dominiert werden und dass man bei einer „Vorladung“ zum Elterngespräch fürchtet, die Erzieherin berichtet etwas Unangenehmes über das eigene Kind und fordere womöglich ein anderes Verhalten von einem selbst.

Dabei könnte es doch auch ganz anders sein: Die Erzieherin berichtet den Eltern zufrieden von der guten, altersentsprechenden Entwicklung des Kindes und seiner Freude am täglichen Kindergartenleben. Aber wir selbstkritischen Eltern befürchten natürlich immer, dass wir es noch besser hätten machen können, und erwarten mit todernster Miene die Nachrichten, die wir von der Erzieherin überbracht bekommen.

Auch Elternabende müssen kein ödes Abarbeiten der Tagesordnung sein, deren trauriger Höhepunkt die mühsame Wahl zweier Elternvertreter ist. Dennoch wird dieser Moment vor allem von groß gewachsenen Elternteilen herbeigesehnt, denn dann ist ein Ende abzusehen – schließlich möchten die Mamas und Papas gerne wieder aus der gehockten Haltung, zu der sie die Kindergartenstühlchen zwingen, erlöst werden.

Erfreulicherweise gibt es auch andere Modelle, wie ein halbjährliches Treffen zwischen Erzieherinnen und Eltern gestaltet werden kann. Ein Beispiel: In manchen Einrichtungen treffen sich alle an einem Samstagnachmittag. Dann wird erst mal zusammen gegessen und getrunken, bevor die Kinder zur Kinderbetreuung gehen und die Eltern und Erzieherinnen sich zu einer Besprechung zusammensetzen. So findet statt einer lästigen Pflichtveranstaltung, von der jeder so schnell wie möglich wieder weg will, ein geselliger Erfahrungsaustausch statt, bei dem sich alle – Eltern und Erzieherinnen sowie Eltern untereinander – näher kennenlernen. Das schafft eine gute vertrauensvolle Basis auch für jene Elterngespräche, die ein gewisses Konfliktpotenzial in sich tragen.

Du kannst das doch mal abgeben!

DAS IST ABER MEINER!

Zoe hat Besuch von zwei Freundinnen aus dem Kindergarten, Lilly und Pia. Die Fünfjährigen spielen mit Zoes Puppen und kleiden sie an und aus. Als die drei Mädchen in den Schuppen gehen, um Zoes Puppenwagen zu holen und einen Spaziergang zu machen, ist Zoe schneller als die anderen, legt „ihre" Puppe hinein und schiebt den Puppenwagen entschlossen und schnell aus dem Schuppen. Pia jedoch greift nach dem Bügel und zieht daran.

„Ich will zuerst schieben!", sagt Pia.

„Das ist mein Puppenwagen", erwidert Zoe und zieht in die andere Richtung.

„Aber ich will auch!", beharrt Pia und rüttelt am Puppenwagen.

Lilly legt derweil „ihre" Puppe zu der anderen im Puppenwagen dazu. „Wir können doch alle unsere Babys reinlegen und zusammen schieben."

Doch dazu haben weder Pia noch Zoe Lust. Jede will jetzt und alleine den Puppenwagen schieben.

„Lass looooos!", ruft Zoe, nun schon etwas lauter.

Pia gibt nicht so schnell auf. „Nein! Immer willst du bestimmen. Das ist doof!", schreit sie wütend und zerrt am Griff.

Zoe meint: „Gar nicht! Das ist sowieso meiner. Zuerst darf ich, nachher könnt ihr."

Zoes Mutter hört die Mädchen streiten und kommt dazu.

„Ihr müsst schon teilen", sagt sie.

„Das ist aber meiner", insistiert Zoe.

„Genau, deswegen kannst du immer damit spielen. Deine Gäste aber nicht. Also, lass mal die anderen damit fahren."

„Dann spiele ich gar nicht mehr mit", schreit Zoe wütend und schleudert den Puppenwagen auf Pia. Pia beginnt zu weinen und lässt den Wagen los. Lilly hebt den Puppenwagen auf, legt die Puppen, die herausgefallen waren, wieder hinein und schiebt den Wagen vor sich her.

„So geht's nicht", schimpft Zoes Mutter und packt ihre Tochter am Arm. „Du brauchst jetzt erst mal eine Auszeit. Wollt ihr zwei schon mal ein Eis essen, bis Zoe sich wieder eingekriegt hat?"

Zoe schreit und tobt.

Kommt Ihnen das bekannt vor, zumindest der Anfang der Geschichte? Sie möchten gerne, dass Ihr Kind teilt und sich nicht wie ein egoistischer Unsympath benimmt. Wenn es Besuch hat, soll es gerne abgeben und großzügig sein. Allerdings: Es soll sich in anderen Situationen schon wehren können und wissen, „wie es zu was kommt." Niemand möchte, dass sein eigenes Kind herumgeschubst wird und in der Hackordnung ganz unten steht. Niemand will ein Kind, das sich nie zur Wehr setzt und alles über sich ergehen lässt. Sagen wir es deutlich: Unser Kind soll kein Verlierer sein. Es soll sich durchsetzen können und seinen Standpunkt klarmachen und klar vertreten – auch wenn es nur um den Bagger in der Sandkiste geht. Aber wir möchten auch nicht, dass es gewalttätig ist, rabiat mit anderen umgeht und immer nur „meins, meins" schreit. Erziehen – das wird in solchen Situationen deutlich – ist eine Gratwanderung, weil es dabei auch immer um Wertvorstellungen geht, die wir unseren Kindern vermitteln wollen, um Charakterstärken, die wir fördern wollen.

Den Charakter fördern

Sehen Sie sich einmal folgende Charaktereigenschaften an. Wo genau ist die Grenze zwischen zielstrebig und egoistisch, durchsetzungsfähig und rücksichtslos, respektvoll und überangepasst, tapfer und übermütig, selbstbewusst und angeberisch, friedfertig und wehrlos, sozial und nicht auf die eigenen Bedürfnisse achtend, zurückhaltend und gehemmt, höflich und altklug. Dazwischen verläuft immer nur ein schmaler Grat, und auf dem sollen unsere Kinder lernen zu balancieren. Na super! Nichts leichter als das!

Sie haben recht, das ist ein hoher Anspruch. Aber es ist ein Ziel, das alle Erziehungsarbeit wert ist. Unsere Kinder sollen lernen, für sich selbst zu sorgen und für andere. Aus ihnen sollen Erwachsene werden, die für sich einstehen können und für andere, die alleine und zusammen arbeiten können, die sich einbringen und sich zurücknehmen können. Es sind diese Fähigkeiten, die ihnen helfen werden, mit sich und mit ihrer Umwelt in Einklang zu leben. Eltern und Erzieherinnen sollten Kindern das vorleben und beibringen. Auch dazu dienen Familienregeln, Grenzen und Gespräche über „großzügig“ und „geizig“, „zuverlässig“ und „unzuverlässig“, über „durchhalten“ und „aufgeben“, über „miteinander reden“ und „hauen“, über „dankbar sein“ und „anmaßend sein“ usw.

ZWISCHEN „WEHR DICH!“ UND „TEIL DOCH!“

Friedfertigkeit, Zusammenarbeit und Hilfsbereitschaft – diese Werte sind für unsere Gesellschaft wichtig. Schlagwörter wie „Ellenbogengesellschaft“ oder „Anspruchsgeneration“ sind allgegenwärtig. Gerade deswegen ist es so wichtig, dass Eltern ihre Rolle ernst nehmen. Sie können dafür sorgen, dass die Kinder ihren Platz in der Gesellschaft ausfüllen, und zwar nicht nur zu ihrem persönlichen Glück, sondern auch zum Wohl der anderen. Viel zu oft wird unsoziales, rücksichtsloses Verhalten als normal eingestuft – „Er weiß eben, was er will“, „Aus dir wird mal was.“ Natürlich ist es gut, wenn ein Kind selbstbewusst ist und sich behaupten kann. Aber wenn das auf Kosten anderer geschieht, sind Eltern und Erzieher gefragt, auch andere Werte zu fördern, etwa Fürsorge, Großzügigkeit und Mitgefühl. Diese Form des Miteinanders muss von klein auf gefördert werden.

Im Beispiel hatte Zoes Mutter das Gefühl, eingreifen zu müssen, und zwar zugunsten der „Gäste“. Das ist eine sehr erwachsene Sicht. Sehr rational und sehr vernünftig. Aber so vernünftig sind nicht mal Erwachsene. Oder würden Sie Ihr neues Auto an jeden verleihen, der mal eben zu Besuch kommt und fragt, ob er eine Spritztour damit machen kann?

Die Mutter verlangt in dieser Situation viel von Zoe. Es wäre ihr bestimmt nicht leicht, aber zumindest leichter gefallen, zu teilen, wenn ihre Mutter es respektiert hätte, dass es für Zoe nicht einfach ist, ihren Puppenwagen vorübergehend zu verleihen. Da die Mutter einfach über Zoes Kopf hinweg entscheidet und Zoe nicht das Recht zugesteht, zumindest mitzubestimmen, wer wann damit fahren darf, kochen die Emotionen der Fünfjährigen über.

Der Sinn einer Auszeit

Dass ihre Tochter dabei rabiat wird, geht der Mutter endgültig zu weit. Sie verordnet eine Auszeit und bietet den anderen Mädchen zum Überfluss auch noch ein Eis an. Für Zoe fühlt sich das so an: Die anderen kriegen alles und ich nichts. Meine Mutter hält nur zu den anderen. Das ist eine Demütigung, die Zoe überhaupt keinen Aktionsradius mehr lässt. Kein Wunder, dass sie völlig außer sich ist.

Der Ansatz der Mutter, Zoe Zeit zu geben, um wieder ruhiger zu werden, ist sicher richtig. Doch welchen Sinn hat eine Auszeit, bei der das Kind eigentlich nur denkt: „Blöde Mama! Gemeine Mama!" Viele Eltern glauben und hoffen, dass ihre Kinder während einer „Auszeit" über ihre Missetaten nachdenken und geläutert werden. Das ist reines Wunschdenken. Wer verletzt ist und sich ungeliebt fühlt, kann nicht darüber nachdenken, wie es weitergehen kann und ob es noch andere Lösungen gibt, als „meins" zu schreien. Wenn schon eine Auszeit, dann mit der Mutter auf der Gartenbank, während das Streitobjekt Puppenwagen erst mal „wartet".

Die Mutter kann Verständnis dafür zeigen, dass es nicht leicht ist, zu teilen, und trotzdem dabei bleiben, dass es wichtig ist. Zoes Mutter kann ihre Tochter dabei in den Arm nehmen und ihr signalisieren: Ich bin da, auch wenn alles gerade doof läuft. Ich halte dich, so lange du willst, und dann gehst du wieder spielen und ihr werdet gleich wieder zusammen Spaß haben. Und dann gibt es Eis für alle, und ihr drei werdet sicher selbst eine Lösung finden, wie man sich mit dem Puppenwagen abwechseln kann.

Mit der STAMM-Strategie heißt das: Raus aus der Situation, eine Schulter zum Anlehnen anbieten und sich gemeinsam beruhigen. Jeder darf erzählen, was er fühlt und denkt. Und schließlich macht die Mutter Mut, gemeinsam mit den Besuchskindern eine Lösung zu finden. Mehr zur STAMM-Strategie lesen Sie in dem Kapitel „STAMM – in fünf Schritten Konflikte anders lösen".

Die schnelle Lösung ist nicht immer die beste

Wir als Erwachsene glauben häufig, dass wir nur eine schnelle Lösung anbieten müssen, denn wir sind ja so vernünftig. Kinder sind mal grundsätzlich nicht so vernünftig und erst recht nicht, wenn es darum geht, etwas abzugeben, was man gerade selbst haben möchte. Das bedeutet oft: Ärger, Schreien, Weinen, Streit. In vielen Fällen greifen wir vorschnell ein, sei es, weil uns die Streiterei nervt, sei es, weil wir glauben, die Kinder wären nun unglücklich, oder zumindest eines davon. Sofortiges Eingreifen ermöglicht den Kindern erst gar nicht, eigene Lösungen zu finden. Im Ergebnis führt das bei manchen Kindern dazu, dass sie bei Unstimmigkeiten schnell zu Mama oder Papa laufen und „Hilfe" holen, um den Streit zu schlichten. Allerdings: Kinder sollten wissen, dass sie Erwachsene um Hilfe bitten können und sie auch bekommen werden. Wenn diese Hilfe keine elterlich verordnete, übergestülpte Lösung ist und die Kinder miteinbezogen werden – „Was braucht ihr, um euer Problem friedlich zu lösen? Welche Ideen habt ihr?" –, dann unterstützt das nachhaltig soziales Miteinander.

HAND IN HAND MIT DEM KINDERGARTEN

Wo viele Kinder miteinander spielen, muss auch öfter geteilt und verhandelt werden. Im Allgemeinen beobachten Erzieherinnen zunächst und warten ab, ob die Kinder nicht untereinander eine Idee haben, wie sie etwas teilen können. Erst wenn es den Kindern nicht gelingt und es – womöglich handgreiflichen – Streit gibt, kommen die Erzieherinnen dazu. Ein guter Weg ist es, die Kinder zu fragen: „Wie könntet ihr beide friedlich mit den Puppen spielen?"

Damit Kinder üben können, ihre Konflikte alleine auszuhandeln, sollten wir Erwachsenen uns davor hüten, bei jedem Zwist den Streitschlichter zu spielen. Sonst nehmen wir den Kindern die Möglichkeit, selbst Lösungen zu finden, Rücksichtnahme und Selbstbehauptung auszubalancieren und selbstständig zu werden. Wir können unser Vertrauen aussprechen und sie ermutigen, etwa so: „Ich bin sicher, dass ihr das alleine lösen könnt.“ Nur wenn Gewalt im Spiel ist, gilt es, einzugreifen.

Mittagsruhe für alle

NUR EINE VIERTELSTUNDE

Das Mittagessen ist vorbei. Karin hat den Mittagstisch abgedeckt, und ihre fünfjährige Tochter Maja liegt auf dem Boden und blättert in einem Bilderbuch.

„Komm, wir machen eine kleine Pause“, sagt Karin.

„Mmmh.“ Maja blättert weiter.

Karin beugt sich hinunter, fasst Maja unter die Arme und trägt sie ins Wohnzimmer. Die beiden legen sich aufs Sofa. Maja will seit einiger Zeit keinen richtigen Mittagsschlaf mehr machen, aber eigentlich ist sie ganz schön geschafft vom Vormittag im Kindergarten. Und Karin steht immer sehr früh auf. Sie braucht nachmittags eine Weile Ruhe. Dann übersteht sie den Tag viel besser und gelassener.

Karin hat mit Maja ausgemacht, dass Maja bei der Mittagsruhe in Mamas Arm kuscheln oder leise ein Buch ansehen kann.

Heute bleibt Maja nur kurz liegen und legt sich dann lieber mit dem Bilderbuch auf den Boden. Sie schaut auf die Eieruhr, die wie ein kleines Huhn aussieht – ihre Mama stellt sie immer neben sich auf den Sofatisch. Maja weiß: Wenn der rote Hühnerschnabel wieder auf dem roten Strich angekommen ist, klingelt er, und sie darf Mama wecken.

Fünfzehn oder zwanzig Minuten leise sein, damit Mama sich ausruhen kann – das kann man auch schon größeren Kindergartenkindern zumuten. Hier hat Maja die Wahl zu kuscheln und auch zu schlafen oder leise ein Bilderbuch anzuschauen. So viel Rücksichtnahme von einem Kind zu verlangen scheint Ihnen unrealistisch? Auch Karin hat das nicht von heute auf morgen eingeführt, aber sie hat Maja erklärt, warum das für sie wichtig ist und dass sie danach gemeinsam etwas machen. Je nach Wetter gehen sie zum Spielplatz oder spielen zu Hause etwas. Außerdem sieht Maja an der Eieruhr, wie die Zeit des leise Seins vergeht. So ist das Warten überschaubar. Natürlich klappt das nicht immer perfekt, aber immerhin meistens. Und damit können Mama und Maja sehr gut leben.

Ältere Kindergartenkinder wollen oft nachmittags nicht mehr schlafen. Oder die Eltern haben die Erfahrung gemacht, dass ihre Kinder dann abends lange nicht einschlafen können, weil sie nicht müde genug sind. Trotzdem sollte die Mutter die Möglichkeit haben, sich für eine Weile auszuruhen, wenn sie das möchte. Da kann eine Familienregel helfen: Nach dem Mittagessen ist Ruhepause und solange Mama sich ausruht, schaue ich ein Buch an und störe nicht. Wenn der Wecker klingelt, wecke ich Mama.

Vor allem wenn es Babys oder Kleinkinder in der Familie gibt, die ihren Mittagsschlaf dringend brauchen, ist eine solche Familienregel sinnvoll. Denn die Versuchung, sich in der Zeit, in der Mama sich ausruht, mit dem Baby zu „beschäftigen“, ist bei wachsender Langeweile recht groß.

Unterschiedlichen Bedürfnissen gerecht werden

Wenn beide Elternteile in Vollzeit arbeiten, liegen die Bedürfnisse oft ganz anders. Diese Mütter und Väter genießen die Abendstunden mit ihren Kindern. Da hilft es, wenn man mit den Erzieherinnen eine Regelung für den Mittagsschlaf findet, damit das Kind trotzdem zum nötigen Schlaf kommt und die Zubettgehzeit nicht von Übermüdung und Konflikten überschattet wird.

HAND IN HAND MIT DEM KINDERGARTEN

Vor allem in altersgemischten Kindergärten gehört der Mittagsschlaf zur täglichen Routine. Die jüngeren Kinder brauchen einfach noch ein Schläfchen, um gut durch den Tag zu kommen. Das gilt für viele ältere Vorschulkinder nicht mehr. Aber auch ihnen, das wissen Erzieherinnen aus Erfahrung, tut es gut, zur Ruhe zu kommen. Zwanzig bis dreißig Minuten „leise Zeit" fordern manchen Kindern eine Menge Selbstdisziplin ab. Je nach Einrichtung mit entspannender Musik im Hintergrund, mit Bilderbüchern zum Anschauen. In anderen Einrichtungen gehen einige ältere Kinder während der Mittagsruhe der anderen ins Freie oder auch in einen anderen Raum und beschäftigen sich leise. So lernen sie, Rücksicht zu nehmen.

Die Absprache zwischen Majas Mutter und Maja ist ein gutes Beispiel dafür, wie man mit einer Familienregel eine für alle Beteiligten tragbare Lösung finden kann. Die Mutter traut Maja zu, nachmittags selbst zu entscheiden, ob sie schlafen oder ein Bilderbuch ansehen will. Maja hat zwei Wahlmöglichkeiten – das ist ihrem Alter angemessen. Mehr würde sie eher überfordern. Das Beispiel zeigt: Familienregeln und logische Konsequenzen machen Kinder eben nicht zu reinen Befehlsempfängern, sondern übertragen ihnen Verantwortung für das, was sie tun oder nicht tun, und trauen dem Kind eigenständiges Handeln zu.

Wie oft willst du eigentlich noch zur Toilette gehen?

STRESS AM ABEND

Thomas und Kerstin sind am Ende. Der sechsjährige Elias schläft ewig nicht ein und kommt unter allen möglichen Vorwänden immer wieder zu ihnen. Seit vielen Wochen ist jeder Abend ein Albtraum. Egal, ob es ein normaler Kindergartentag oder ein toller Sonntagsausflugstag war, ab sechs Uhr abends ist es vorbei mit dem Familienfrieden. Thomas und Kerstin haben alles Mögliche versucht. Sie haben die Zeit vor dem Schlafengehen bewusst gestaltet: gemeinsames Abendessen, dann Zähneputzen und Schlafanzug anziehen, vorlesen, kuscheln und liebevolles Gutenachtsagen. Irgendwie hat Elias es verstanden, den Moment, in dem Mama und Papa sein Kinderzimmer verlassen, immer noch ein wenig hinauszuschieben – „Nur noch ein Lied", „Gib Bär noch einen Kuss", „Ich will deine Hand halten." So wurde es oft sehr spät. Er wollte noch mal zur Toilette, noch mal Gute Nacht sagen und so weiter und so fort.

Also haben sie gedroht: „Wenn du heute nicht im Bett bleibst und schläfst, gibt es morgen keine Gutenachtgeschichte." Deswegen gibt es seit Wochen kein abendliches Vorlesen mehr. Auch für die Eltern ein ganz schrecklicher Zustand, denn sie haben sich immer vorgenommen, ihren Kindern viel vorzulesen, und das abendliche Kuscheln war früher ein herrliches Ritual.

Thomas und Kerstin fühlen sich völlig überfordert, hilflos und zugleich wütend, zerrissen zwischen eigenem Erziehungsanspruch und Sehnsucht nach harmonischen Familienverhältnissen. Stattdessen schimpfen und schreien sie, zerren Elias wieder die Treppe hoch, mehrere Male am Abend, und schließen sogar manchmal die Kinderzimmertüre von außen ab. Während oben Weinen und wütendes Schreien zu hören ist, sitzen unten die Eltern und sind den Tränen nahe. Was sie sich eigentlich wünschen, nämlich ein entspannter, ruhiger Abend, scheint unmöglich geworden zu sein.

Ängste beim Schlafengehen sind bei Kindern im Kindergartenalter sehr verbreitet. Auch mit sechs Jahren ist es noch normal, dass ein Kind viel Nähe von den Eltern braucht. Besonders in Entwicklungsumbrüchen benötigen die Kinder die Eltern vermehrt, und bei den meisten Kindern äußert sich dann ein Bedürfnis nach Nähe eben gerade in den Abendstunden vor dem Einschlafen. Insbesondere das Vorschulalter ist typisch für Ängste in der Dunkelheit, vor Monstern unterm Bett oder hinter dem Vorhang. Da helfen keine rationalen Erklärungen.

Nicht raten – erst mal zuhören

Thomas, Kerstin und Elias müssen erst mal raus aus dem Teufelskreis. Sie könnten am nächsten Samstag einen Ausflug machen und ein Picknick machen. Und dabei versuchen– weg von zu Hause –, mit Elias über ihre Sorgen ins Gespräch zu kommen. Ohne Vorwürfe und zunächst, ohne eigene Wünsche zu formulieren. Das Gespräch könnte beginnen mit: „Du magst zur Zeit abends nicht im Bett bleiben." Weiter könnten sie fragen: „Was ist das Schwierige daran?" und „Was glaubst du, was dir helfen würde, besser einzuschlafen?" Sie könnten einfach zuhören, vielleicht in eigenen Worten wiederholen, was Elias erzählt. Da ist Zurückhaltung gefragt. Gleich mit Ratschlägen und Einwänden zu kommen wäre kontraproduktiv. Nur auf diese Weise können sich Thomas und Kerstin ihrem Sohn annähern und trotzdem auch für ihren eigenen Standpunkt Gehör finden.

Ihre Bedürfnisse sollten sie möglichst auch ohne Formulierungen wie „Du machst", „Du tust" schildern, sondern einfach sagen, wie es ihnen damit geht und warum sie es wichtig finden, gemeinsam eine Lösung zu finden. Vielleicht können sie mit Elias Absprachen treffen, dass er für zunächst fünf Minuten alleine im Bett bleibt, bis die Eltern noch einmal kommen und noch mal gute Nacht wünschen. Zu Anfang müssen sie vielleicht häufiger zu ihm gehen, aber fest sagen, dass sie nicht am Bett bleiben werden, bis er einschläft. Mit der Zeit kann man die fünf Minuten verlängern und so weiter.

Vielleicht hat Elias auch eine Idee, was ihm helfen könnte. Mit einem sechsjährigen Jungen kann man durchaus schon richtig verhandeln. Er ist alt genug, um zu verstehen, dass auch die Eltern am Abend eine Ruhepause und Zeit für sich brauchen. Aber man muss es dem Kind erklären, denn solche Bedürfnisse sind ihm ja noch fremd – Zeit für sich haben zu wollen ist kein gängiges Konzept in diesem Alter.

Kinder können gestärkt aus Krisen hervorgehen

Schwierigkeiten mit dem Schlafengehen gibt es in allen Familien, und sie kehren immer mal wieder. Oft haben sie mit neuen Lebensumständen zu tun, häufig auch mit Entwicklungsschüben. Vielen Eltern macht es den Umgang mit diesen Situationen leichter, wenn es ihnen gelingt, den dabei entstehenden Konflikt als Chance zu betrachten. Als Chance für ihr Kind, wieder ein Stück reifer zu werden. Und für sich selbst als Chance, eine schwierige Phase zu meistern und daran zu wachsen. Später wird man darauf zurückblicken und sich manchmal wundern, was man so alles geschafft hat.

Sie meinen, auf diese Art Chance können Sie gut und gerne verzichten? Verständlich, aber das kann Ihnen auch dieser Elternratgeber nicht anbieten.

HAND IN HAND MIT DEM KINDERGARTEN

Im Kindergarten ist der Tagesablauf klar geregelt. Oft gibt es Unterschiede zwischen den Wochentagen: Zum Beispiel geht es am Mittwoch immer raus in den Wald oder der erste Montag im Monat ist Spielzeug-Mitbring-Tag usw.

Vieles hingegen ist jeden Tag gleich: Von x bis x Uhr kommen die Kinder, um x Uhr findet der Morgenkreis statt, um x Uhr ist die erste Frühstückspause usw.

Warum ist das wichtig? Kinder fühlen sich geborgen und sicher, wenn sie wissen, was auf sie zukommt. Sie möchten nicht jeden Tag etwas Neues, sondern mögen es lieber, wenn sie wissen, dass nach dem Morgenkreis Zeit zum Spielen ist und dass sie danach gemeinsam frühstücken. Das ist nicht langweilig, sondern gut so. Es hat sich bewährt, denn Rituale im Kindergarten geben dem Tag Struktur.

Im Kindergarten geht es nicht ohne einen strukturierten Tagesablauf. Gerade weil der genaue Ablauf des Tages eben nicht voraussagbar ist – denn traurige Kinder wollen sofort getröstet werden und volle Windeln müssen gleich gewechselt werden –, hilft es Kindern und Erzieherinnen zu wissen, dass der Tag mit einem Begrüßungslied beginnt, um halb zehn gemeinsam gefrühstückt wird usw. Dieses Gerüst ist unerlässlich. Daran kann man sich als Familie ein Beispiel nehmen. Ein guter Anfang sind feste Essenszeiten, zumindest unter der Woche und unverhandelbare Zubettgehzeiten.

Von dieser Art, den Tag einzuteilen und diese Einteilung über lange Zeit beizubehalten, können wir Eltern uns etwas abgucken. Gerade wenn es um das „Abendprogramm“ geht, sind feste Uhrzeiten und eine klare Reihenfolge die beste Lösung, um Streit und Ärger zu vermeiden.

RITUALE SIND NICHT DAS GLEICHE WIE REGELN

Aber das eine hat mit dem anderen zu tun. Rituale sind vielmehr als Regeln. Sie strukturieren auf natürliche Weise den Tagesablauf. Oder manche schaffen regelmäßig besondere Momente im Lauf der Woche oder des Jahres. In den meisten Familien gibt es Rituale, die es genau so sonst nirgends gibt.

Ein strukturierter Tagesablauf gibt Kindern Sicherheit. Es ist nicht gut, wenn die Kinder in den Abend stolpern und die Eltern immer mit. Da fühlen sich alle getrieben, und es kommt keine Abendstimmung auf, die auf das Zubettgehen vorbereitet.

Um Ruhe in den Abend zu bringen, ist es sinnvoll, „zurückzurechnen“. Wann sollen die Kinder im Bett liegen? Also wann beginnt die „Erwachsenenzeit“? Nehmen wir an um halb acht. Vorher möchten Sie noch eine halbe Stunde Vorlese- und Kuschelzeit zusammen haben, davor sollen die Kinder den Schlafanzug anziehen, Zähne putzen und mit Ihnen die Kleidung für den nächsten Tag aussuchen. Wie viel Zeit benötigt das alles? Davor brauchen Sie ausreichend Zeit, um gemeinsam zu Abend zu essen. Da dies in vielen Familien unter der Woche die einzige gemeinsame Mahlzeit ist, hat sie eine hohe Bedeutung. Ach so, und die Kinderzimmer sollten auch einigermaßen in Ordnung gebracht werden. Also rechnen wir mal durch: Um halb acht abends soll Schlafenszeit sein, davor eine halbe Stunde Vorlese- und Kuschelzeit, davor Zähneputzen, Umziehen, usw. Diesen Überlegungen folgend können Sie die Gestaltung des Abends planen. Besprechen Sie das im Familienkreis. Dabei können ältere Kinder sich auch wünschen, wie der Abend ihrer Meinung nach aussehen soll.

BEWÄHRTE TIPPS VON ELTERN

- Ein festes Abendritual, das nicht an einem Abend um ein Lied verlängert und an einem anderen um eine Geschichte gekürzt wird. Ein immer gleicher Ablauf ist optimal.
- Die Geschwisterkinder in einem Zimmer schlafen lassen.
- Tagsüber viel Zeit zum Kuscheln und zum Erzählen einbauen.
- Vor dem Schlafen regelmäßig gemeinsam über den Tag sprechen: Was war schön? Was war nicht so schön?
- Öfter Übernachtungsbesuch fürs Kind einladen.

Und wenn das Kind im Bett liegt:

- Türen auflassen.
- Licht anlassen.
- Noch in der Nähe des Kinderzimmers etwas aufräumen.

Ich will bei euch schlafen

ICH KANN NICHT SCHLAFEN

Die Uhr zeigt 00.46. Die Schlafzimmertür öffnet sich knarrend, Pia und Schnuffi tapsen herein und schlüpfen unter Mamas Bettdecke. Pia schläft sofort wieder ein, sie träumt und schleudert Schnuffi in Mamas Gesicht. Mama ist nun endgültig wach und schiebt den Stoffhund zurück in Pias Arm. Seufzend steht sie auf und geht rüber in Pias Bett. Es dauert geraume Zeit, bis sie dort wieder einschläft.

Die Szene wiederholt sich seit über zwei Wochen Nacht für Nacht. Es hat damit begonnen, dass Pia krank war und nachts schlecht Luft bekam. Da war es den Eltern ganz recht, sie in ihrer Nähe zu haben. Doch Pia ist längst wieder gesund. Geblieben sind die Nachtwanderung und der unterbrochene Schlaf.

Pias Mutter merkt, dass ihr dieses Schlafen in Etappen nicht guttut, aber sie ist sich unsicher, wie sie den Automatismus wieder umdrehen kann. Eine unterbewusste Sorge, ihre Tochter brauche vielleicht im Moment besonders viel Nähe, macht es ihr schwer, entschiedener zu sein.

Solange ein Kind krank ist, braucht es die ganze Zuwendung und Hilfe der Eltern. Und ist es danach wieder gesund, fühlen sich die Eltern manchmal überfordert und haben ein schlechtes Gewissen, wenn sie wieder zum „Normalzustand“ zurückkehren wollen. Kinder wehren sich im Allgemeinen dagegen, und das verunsichert die Eltern. Will das Kind nur nicht die lieb gewordene Gewohnheit aufgeben, oder hat es wirklich große Angst?

Tatsächlich äußert es sich oft nachts, wenn es Probleme gibt, wenn das Kind ängstlich oder sonst irgendwie verunsichert ist. Um das zu klären, kann die Mutter tagsüber immer mal wieder versuchen, das Kind erzählen zu lassen, was es bewegt, was ihm gerade Spaß macht und über was es sich ärgert. Sinnvoll ist überdies, die Erzieherin zurate zu ziehen und zu hören, ob es im Kindergarten Auffälligkeiten gibt oder sich das Kind in letzter Zeit anders verhält. Hat die Mutter all dies getan und es hat sich kein Grund zur Sorge ergeben, dann wird sie sich dafür entscheiden, ihr Ziel „Alle schlafen wieder in ihrem eigenen Bett“ klar zu verfolgen. Sie wird Pia erklären, warum es ihr wichtig ist, wieder in Ruhe durchzuschlafen und warum sie es wichtig findet, dass Pia nachts wieder in ihrem Bett bleibt. Vielleicht hat Pia eine Idee, was ihr dabei helfen könnte, in ihrem eigenen Bett zu schlafen. Die Mutter kann ihr auf jeden Fall Mut machen, indem sie Pia daran erinnert, dass Pia das davor schon ganz viele Nächte geschafft hat.

Entscheidend ist wie so oft die innere Haltung der Mutter. Werden Sie sich deswegen in einer solchen Situation darüber klar, welche Lösung Sie für gut halten, und bleiben Sie dabei. Halten Sie sich auch nachts daran, wenn Sie eigentlich nur eins wollen: schlafen. Zögern Sie oder werden Sie weich, weil sie im Halbschlaf keine Lust mehr auf diesen Blödsinn namens „Konsequenz“ haben, müssen Sie am nächsten Tag wieder bei null anfangen.

Am Tag über die Nacht sprechen

Bereiten Sie die Umstellung in Gesprächen im Lauf des Tages vor, etwa indem Sie dem Kind erklären, dass es ihm helfen wird, selbstständig zu werden. Und vielleicht auch, dass Sie sich darauf freuen, morgens mit ihm noch zehn Minuten im Bett zu kuscheln, wenn der Wecker geklingelt hat.

Egal, wie gut das Gespräch verläuft, es wird Widerstand geben, denn wer gibt schon freiwillig lieb gewonnene Gewohnheiten auf. Rechnen Sie nicht mit einer „Von heute auf morgen"-Lösung, mit einer „Von heute auf nächste Woche"-Lösung jedoch schon. Vielleicht schlagen Sie auch eine besondere Nacht vor, als Event, auf das man sich freuen kann, z. B. Zelten im Garten oder eine Pyjamaparty mit Freunden.

! WOZU STEH ICH DAS JETZT DURCH?

Beim Thema Schlafen gilt es eine Balance zu schaffen zwischen „für andere sorgen" und „für sich selbst sorgen". Wenn ein Elternteil oder beide jede Nacht schlecht schlafen und sich morgens zerschlagen fühlen, sind sie tagsüber gereizter und ungeduldiger als sonst. Das ist auf Dauer kein Zustand. Hier müssen Eltern sich bewusst machen, was sie jetzt wollen und welche praktische Lösung es dafür gibt. Sind sich Mutter und Vater über das Ziel einig und lassen es nicht aus den Augen, wird sich die Balance wieder einstellen.

Ein gutes Bild dafür ist eine Schale mit Wasser. Ist sie reichlich gefüllt, ja läuft sie sogar über, hat sie im Überfluss zu geben. Ist sie fast leer, ist nicht genug da, um etwas zu geben.

Je mehr Geborgenheit ein Kind über den Tag erfährt, umso weniger muss es am Abend „nachholen". Im Übrigen wirkt auch hierbei ein strukturierter Tagesablauf, der Geborgenheit und Sicherheit vermittelt, wie ein Sicherheitsnetz. Aber machen wir uns nichts vor: Es wird immer wieder Zeiten geben, in denen unser Kind mehr Nähe und Zuwendung braucht als sonst und auch nachts bei uns sein will. Dies wahrzunehmen und darauf zu reagieren ist Elternsache: Dann kuscheln wir noch mehr, lesen öfter vor, spielen zusammen, machen gemeinsam Ausflüge und verbringen einfach viel Zeit miteinander. Und wenn alle Familienmitglieder gut damit klarkommen, schläft es auch längere Zeit bei den Eltern. Manchmal müssen Kinder „auftanken". Das kennen alle Eltern, ganz besonders nach einem Umbruch wie dem Eintritt in den Kindergarten oder einem Umzug. Das Thema „Alleine schlafen" begleitet Familien noch weit in die Schulzeit hinein.

BEWÄHRTE TIPPS VON ELTERN

Schlafen, Einschlafen, Durchschlafen, alleine schlafen – diese Themen sind in Müttergesprächen allgegenwärtig. Jede Familie muss sich damit auseinandersetzen und findet doch ganz unterschiedliche Lösungen.

- Manche Eltern genießen es, bei ihren Kindern zu liegen, bis sie eingeschlafen sind.
- Andere Eltern haben ein großes Familienbett, in dem immer alle zusammen schlafen.
- Eine Extramatratze liegt unter dem Elternbett. Sie kann bei Bedarf als zusätzliches Nachtlager dienen.

Letztendlich muss jede Familie immer wieder ihre individuelle Variante finden, wie sie mit dem Thema umgeht. Wo, ab wann usw. Und nichts davon ist in Stein gemeißelt. Was gestern noch wunderbar funktionierte und sich für alle richtig anfühlte, ist heute vielleicht nichts mehr wert. Wichtig ist in jedem Fall, dass jeder, ob Kind oder Elternteil, sich morgens ausgeruht fühlt und nicht gerädert und latent aggressiv durch die Küche schlurft, weil ihm jemand nachts das Kuscheltier ins Gesicht gedonnert oder die Decke weggezogen hat.

Kann ich mich einmal in Ruhe unterhalten?

MAMAAAAAA!

Maries Mutter hat Lisa und den vierjährigen Jan zum Frühstück eingeladen. Die Mütter wollen sich endlich mal wieder ausführlich unterhalten, und die Kinder können ja solange spielen. Es dauert nur zehn Minuten, dann ist es mit der Ruhe vorbei. Jan kommt und schmiegt sich an Lisa. „Mama", sagt er gedehnt und zieht an ihrem Ärmel. Jans Mutter schaut ihn kurz an und erzählt ihrer Freundin dann die Geschichte vom letzten Kinderarztbesuch weiter. Jan zupft wieder am Ärmel. Diesmal kräftiger. Sein „Mamaaaa" klingt jetzt schon drängender. Die Mutter beachtet ihn nicht.

Jan beginnt, Lisa auf den Oberschenkel zu schlagen.

Genervt dreht sie sich zu ihrem Sohn und sagt: „Jan, wir unterhalten uns, das siehst du doch. Also, geh spielen!" Mit diesen Worten schiebt sie ihn von sich weg.

„Ich hab Hunger", versucht er es erneut.

Die Mutter schaut ihn – inzwischen ziemlich sauer – an, schüttelt den Kopf und wendet sich wieder ihrer Freundin zu.

Jan bleibt neben dem Tisch stehen und fängt an zu weinen. Laut und klagend. Lisa versucht ihn zu ignorieren und weiter zu erzählen. Maries Mutter lächelt unsicher. Weder versteht sie, was Lisa erzählt, noch kann sie sich auf sie konzentrieren.

Schließlich knallt Lisa den Kaffeebecher auf den Tisch, springt auf und hebt Jan unsanft hoch. „Kannst du mich nicht einmal reden lassen? Wenn du jetzt nicht sofort aufhörst, hier rumzuheulen, dann gehen wir nachher nicht zum Spielplatz."

Jan versucht seine Mutter zu umarmen und klammert sich an ihren Hals, aber sie schiebt ihn weg und setzt ihn auf dem Boden ab.

Jetzt schreit er so laut, dass an ein ruhiges Gespräch nicht zu denken ist.

Lisa möchte sich einfach mal wieder in Ruhe mit ihrer Freundin unterhalten. Das ist ein verständliches Interesse. Und eigentlich ist Jan kein „Störenfried". Er kann sich sehr gut alleine beschäftigen und vertieft sich oft in Bilderbücher und spielt konzentriert mit seinen Bausteinen. Vermutlich fühlt sich Lisa gerade deswegen so gestört. Wieso kann Jan sie heute, wo sie einmal mit Maries Mutter etwas besprechen will, nicht einfach in Ruhe lassen?

Ignorieren funktioniert nicht

Jan braucht aber in diesem Moment Aufmerksamkeit, und er versucht es ruhig und liebevoll. Da seine Mutter das völlig ignoriert, macht er sich anders bemerkbar. Wenn sie sich ihm kurz zuwenden würde, ihm sagen, dass er bitte einen Moment warten möchte, dann sei sie für ihn da, würde zuhören, könnte Jan das vermutlich aushalten. Aber stattdessen sendet sie nur immer mehr Signale, die sagen: „Du störst. Geh weg!" Das bewirkt bei Kindern immer das Gegenteil: Je stärker sie sich von ihrer Mutter abgelehnt fühlen, umso mehr suchen sie Nähe und Bestätigung, dass Mama sie noch lieb hat.

Lisa fühlt sich im Laufe des Hin und Her immer mehr bedrängt und reagiert mit Wut, ja reagiert über. Vielleicht spiegelt sich darin das Bedürfnis, einfach mal „ohne Kind" etwas mit einer Freundin zu besprechen. Das wäre bestimmt gut, diesem Bedürfnis nachzukommen. Zeit für sich, ohne Unterbrechungen durch Bedürfnisse anderer, insbesondere der Kinder, ist wichtig für Mütter und Väter. Solche Zeiten sollte jeder einplanen.

HAND IN HAND MIT DEM KINDERGARTEN

In einer Kindergartengruppe mit vielen Kindern, wo dauernd irgendjemand irgendetwas von der Erzieherin will, muss man Warten lernen. Da ist man nicht immer dran und steht auch nicht dauernd im Mittelpunkt. Das ist sehr bedeutsam für die Selbstwahrnehmung des Kindes.

Im Kindergarten wird nicht jedes Bedürfnis sofort erfüllt, sondern Gruppenregeln und Rituale geben vieles vor. So gibt es zum Beispiel eine gemeinsame Frühstückszeit. Dann dürfen die Kinder die Brotboxen aus ihrer Tasche holen und sie zum Tisch bringen. Aber erst dann – wer vorher Hunger bekommt, muss warten. Auch am Tisch gibt es Regeln: Bevor begonnen wird zu essen, singen alle zusammen ein kurzes Lied oder sagen einen Dankesspruch. Dieses Wartenlernen ist ein ganz wichtiger Baustein in der Persönlichkeitsentwicklung des Kindes. Es muss – vorübergehend – verzichten. Es lernt, sich den Gruppenregeln zu fügen, anstatt nur „Ich, ich" zu denken. Werte wie Geduld, Demut und Gemeinschaftssinn werden dabei gefördert. Dabei wird das „Wartenlernen" mit wenigen Worten sprachlich begleitet, etwa so: „Kannst du bitte einen Moment warten?"

Auch wenn es auf den ersten Blick nicht so aussieht. Warten zu können ist eine Fähigkeit, die man üben muss. Schon ein kleines Kind kann lernen, zeitweilig ohne die Aufmerksamkeit seiner Mutter auszukommen. Das ist gewiss keine leichte Übung, aber es ist für Eltern eine große Entlastung, wenn sie einen Satz beenden können, ohne dass jemand dazwischenruft oder dauernd am Hosenbein zieht. Ab drei Jahren können Kinder durchaus lernen, kurz zu warten, bis Mutter oder Vater ihren Satz beendet haben. Ältere Vorschulkinder schaffen es, auch mal bis zum Ende eines Telefonats oder Gesprächs abzuwarten. Wichtig ist, dass dem Kind kurz signalisiert wird: „Du bist gleich dran. Gedulde dich noch ein bisschen." Dann muss man aber auch fair bleiben und die Geduld nicht überstrapazieren. Wenn man sich dem Kind dann – mit seiner ganzen Aufmerksamkeit – zuwendet, sollte man die gezeigte Geduld anerkennen, etwa so: „Danke, dass du gewartet hast. Was wolltest du mir sagen?"

Diese alltägliche Situation ist ein gutes Beispiel dafür, wie gegenseitiger Respekt in der Familie für ein harmonischeres Zusammenleben sorgt. Das Kind respektiert das Bedürfnis, nicht mitten im Satz unterbrochen zu werden, die Mutter respektiert das Bedürfnis des Kindes, Nähe zu bekommen.

Das bildest du dir ein!

DAS IST EIN DOOFES FEST

Alle Kinder haben einen Riesenspaß beim Sackhüpfen. Alle außer Leni. Die sitzt auf der Gartenbank und vergräbt den Kopf in den Händen. Dabei ist sie das Geburtstagskind. Die anderen Kinder rufen „Leni, komm, mach mit! Du bist dran." Sie schüttelt nur den Kopf und schmollt. Nele hat vorhin einfach gesagt: „Wir spielen jetzt Fangen!", dabei wäre Leni als Nächstes mit Topfschlagen dran gewesen.

Leni hatte gestern extra mit ihrer Mutter eine Liste von Spielen gemacht und deutlich gesagt, dass sie auf keinen Fall Fangen spielen möchte. Außerdem war sie mit Topfschlagen noch nicht dran. Alles doof.

Lenis Mutter kommt zu ihr und sagt lachend: „Ja, sag mal, was ist denn mit dir los? Alle machen mit und nur du hockst hier rum und trotzt. Hör mal, Papa und ich haben uns eine Wahnsinnsmühe gegeben, damit das eine tolle Party wird, und du? Jetzt hör auf damit und komm!" Mit diesen Worten versucht sie Leni hochzuziehen, aber die Tochter ist ein einziges „Will-nicht-Paket".

„Das ist ein doofes Fest!", murmelt sie.

Lenis Mutter erwidert: „Das stimmt doch gar nicht."

„Fangen ist doof!"

Die Mutter schüttelt den Kopf. „Na, jetzt übertreibst du aber. Oder ist es, weil du wieder nicht als Erste dran warst? Du weißt doch, Gäste haben den Vortritt."

Leni laufen die Tränen übers Gesicht. Ihre beste Freundin kommt und steht verunsichert neben der verkniffen dreinschauenden Mutter. „Komm!", fordert sie Leni auf. Leni schüttelt den Kopf.

Schließlich geht die Mutter zu den anderen Kindern und fragt, ob jemand noch etwas trinken möchte.

Wenig später werden die Besuchskinder nacheinander abgeholt. Leni hat jedem Kind noch eine kleine Abschiedstüte überreicht, die sie mit ihrer Mutter vorbereitet hatte. Sie hat sich beruhigt, aber glücklich sieht sie nicht aus.

Lenis Mutter fällt es in dieser Situation schwer, mit der schlechten Laune ihrer Tochter umzugehen. Da spielen sicher verschiedene Faktoren hinein: Die Eltern haben sich große Mühe bei der Vorbereitung gegeben und sich auf die fröhlichen Gesichter gefreut, und jetzt fühlt sich die Mutter fühlt sich angegriffen. Ihr ist Lenis Verhalten unangenehm, weil sie fälschlicherweise interpretiert, Leni sei beleidigt, dass sie nicht als Erste dran war, und sie versucht sich umso mehr den „Gästen" zu widmen. Schließlich soll die Party den Kindern gefallen.

Man kann das nachvollziehen: Die Mutter hat sich Mühe gegeben, und jetzt findet Leni alles doof. Sie nimmt das als Kritik an ihrem Engagement und fühlt sich ungerecht behandelt. In der Folge hört sie nicht so genau hin und nimmt Lenis Gefühle nicht ernst, sondern sagt im Grunde genommen: „Deine Gefühle sind falsch!"

Die Gefühle dahinter ergründen

Wir Eltern sind oft schnell dabei, Gefühlsäußerungen unserer Kinder als „Quatsch" abzutun. Leni hätte es in diesem Moment gut getan, wenn Lenis Mutter ihre eigenen Gefühle erst mal hintenan gestellt und einfach nur zugehört hätte. Sie hätte sagen können: „Du bist ganz schön wütend, oder?" Nach einer Weile hätte sie nachfragen können: „Was ist denn schiefgelaufen?" Dann hätte Leni wahrscheinlich gesagt, dass sie noch nicht mit Topfschlagen dran war und dass Nele bestimmt hat, dass sie stattdessen Fangen spielen. Und das, obwohl das Lenis Geburtstagsparty ist und Leni Fangen nicht leiden kann. Dieses Gefühl der Enttäuschung ist da – und Leni hat jedes Recht, dieses Gefühl zu haben. So hätte auch das Missverständnis zwischen Leni und ihrer Mutter verhindert werden können – die Mutter interpretiert Lenis „Das ist ein doofes Fest!" so, als ob Leni nur immer als Erste dran sein wollte.

In einem guten Gesprächsverlauf könnte die Mutter Leni schließlich helfen, eine „Schublade" für ihre Gefühle zu finden, in die Leni sie hineinpacken kann, indem sie sagt: „Du bist nicht nur wütend, du bist auch enttäuscht, nicht wahr?" An diesem Punkt könnte sie Leni fragen, was Leni sich wünscht, ja, was man jetzt machen kann. Da Leni ihre Enttäuschung offen äußern durfte, ist sie jetzt wieder frei und kann selbst handeln. Ihr Gefühl hat einen Namen und eine Schublade. Das hilft ungemein.

ZUHÖREN, OHNE ZU RICHTEN UND ZU RATEN

Kinder sind viel direkter als Erwachsene. Besonders wenn sie traurig oder wütend sind, teilen sie ungefiltert mit, was sie fühlen. Das kann für Erwachsene durchaus schockierend sein. Da hilft kurz durchatmen und zuhören. Aufmerksam und mitfühlend, aber ohne gleich zu kommentieren oder gar zu werten. Manchmal reicht das schon und das Kind arbeitet seine negativen Gefühle im Erzählen ab.

Aktives Zuhören: Erst nachdem man zugehört hat, fragt man nach, erzählt selbst. Jedoch auch dann möglichst, ohne zu richten, sondern indem man das vorherrschende Gefühl des Kindes benennt. So kann der Erwachsene dem Kind helfen, mit diesem Gefühl umzugehen. Wenn das Gefühl einen Namen hat, kann das Kind es in seine unzähligen ungefüllten Schubladen im Gehirn einsortieren. So sammelt es nach und nach Erfahrung. Häufig findet es dadurch selbst eine Lösung.

Hier ist Selbstbeherrschung gefragt: Eltern haben oft für alles und jedes einen Ratschlag parat. Es hilft dem Kind in seiner persönlichen Entwicklung aber viel weiter, wenn es selbst zu einer Lösung findet. So erfährt man selbst viel mehr, versteht, und hilft dem Kind, eigenständig zu werden.

Im Alltag sind wir alle schnell dabei, Gefühle unserer Kinder nicht so recht ernst zu nehmen oder vorschnell zu interpretieren. Auf „Ich habe keine Lust auf Schwimmen“ antworten wir „Ach was, das ist doch super“, auf „Ich mag das neue Baby nicht“ reagieren wir mit „Na, das darfst du aber nicht sagen“, auf „Ich mag Tante Gerda nicht“ folgt „Stell dich nicht so an und gib anständig die Hand.“

Das gilt auch für Ängste. Da haben wir ein reichhaltiges Repertoire zur Verfügung: „Du schaffst das schon“, „Keine Sorge, dieses Mal klappt es besser“ oder „So schlimm wird’s schon nicht werden.“

Dabei ist das Kind in diesem Moment unglücklich, wütend, ängstlich oder hat ein anderes starkes Gefühl. Diese starken Gefühle müssen wir ernst nehmen, anstatt sie wegzuschieben. Denn erst dadurch fällt es dem Kind leichter, sie loszulassen. Bei Gefühlen gibt es nun mal kein Richtig oder Falsch. Sie müssen verarbeitet werden, damit der Kopf wieder frei wird.

So wird nie etwas aus dir!

TOLLES KIND

Sarah ist montags beim Reitunterricht, dienstags beim Flöten, mittwochs ist Kinderturnen und donnerstags Ballett. Freitags geht sie meist mit ihrer Mutter einkaufen. Sarahs Eltern tun das alles gerne für ihr einziges Kind, sind jedoch enttäuscht, dass Sarah so wenig Begeisterung für die Reit–, Musik- und Tanzaktivitäten zeigt. Nur das Kinderturnen macht ihr richtig Spaß. Da geht sie gerne hin und ist mit Eifer dabei. Mit dem Flötenspiel geht es nicht voran, und üben mag sie auch nicht. Beim Ballett, findet ihre Mutter, wirkt sie ungelenk und trampelig. Ohnehin ist Sarah übergewichtig, was ihrer figurbewussten Mutter große Sorgen macht. Wenn der Vater Sarah vom Kinderturnen abholt, ermahnt er sie immer wieder, sich nicht beim Anstehen von den anderen zur Seite schubsen zu lassen. „Lass dir das nicht gefallen!", fordert er sie auf. Ihr schüchternes Wesen widerstrebt ihm.

Zu allem Überfluss gibt es seit einiger Zeit Probleme im Kindergarten. Sarah entwickelt sich zu einer Einzelgängerin, die sich oft hinter „Ich kann das nicht!" verschanzt. Außerdem hat die Erzieherin mehrfach berichtet, dass Sarah anderen wehtut oder Sachen kaputt macht. Auch zu Hause wirft das Kind wie aus heiterem Himmel die Fernbedienung gegen den Fernseher oder tritt nach der Katze.

Dabei versuchen die Eltern, gute Eltern zu sein. Die Mutter hat extra ihren Job in einer Bank aufgegeben, damit sie Zeit hat, sich um Sarah zu kümmern. Und Sarahs Vater versäumt es nie, wenn er auf einer Geschäftsreise ist, wenigstens per Telefon „Gute Nacht" zu sagen.

Sarahs Eltern haben verstanden und leben, was die Gesellschaft angeblich vom Einzelnen fordert, um erfolgreich zu sein: Wer sich rumschubsen lässt, ist ein Verlierer. Wer immer ehrlich ist, ist dumm. Wer andere manipuliert, ist schlau. Wer dick ist, hat nicht verstanden, dass man mit Selbstdisziplin den eigenen Körper formen muss. Wer unbeliebt ist, hat nicht kapiert, wie man sich Freunde macht.

WELCHE WERTE VERMITTLE ICH MEINEM KIND?

Wir als Eltern leben den Kindern vor, wie man sich in der Gesellschaft zurechtfindet. Auch wenn manche Eltern der Ansicht sind, dass es ohne „Ellenbogen" nicht geht, ist es wichtig, sich darüber Gedanken zu machen, ob man ein solches „Erfolgsmodell" heranziehen will. Zwischen zielorientiert und skrupellos, zwischen stolz sein und angeben, zwischen fair und berechnend, zwischen durchsetzungsfähig und rücksichtslos oder zwischen klug und raffiniert verläuft oft nur ein schmaler Grat, aber er ist entscheidend dafür, welche guten oder schlechten Charaktereigenschaften ein Mensch entwickelt.

Kinder müssen erst lernen, wie soziales Miteinander funktioniert, und Rücksichtnahme, Respekt und Freundlichkeit gehören dazu. Eltern sind dafür die bedeutendsten Vorbilder.

Manche „Vollzeit-Profimütter" und „karriereorientierten Alles-im Griff-Väter" glauben, dass man nur die richtigen Rahmenbedingungen schaffen muss, damit aus einem Kind ein rundum erfolgreicher Erwachsener wird. Sie hätten ihre Tochter gerne charismatisch, beliebt, eine Anführerin, schlank, charmant, zielorientiert. Das alles sind doch alles positive Charaktereigenschaften, werden Sie einwenden. Richtig! Aber offensichtlich passen sie nicht alle zu jedem Kind. Sarah zum Beispiel ist zurückhaltend, und ihre motorischen Stärken liegen weniger im Tänzerischen.

Die eigenen Erwartungen zurückstellen

Im Übrigen braucht Sarah keinen derart getakteten Terminplan, sondern Zeit zum Spielen. Im freien Spiel mit anderen Kindern könnte Sarah sich ausprobieren und verschiedene Fähigkeiten stärken. Obwohl Sarahs Eltern ihr Kind fördern möchten, schauen sie doch nicht darauf, was zu Sarah passt. Die Misserfolge und der Frust auf so vielen Gebieten führen dazu, dass Sarahs Selbstvertrauen darunter leidet.

Sarah spürt natürlich, dass ihre Eltern nicht zufrieden sind mit ihr. „Ich bin nicht so, wie meine Eltern mich gerne hätten." Bedingungslos geliebt werden, das ist eine Grundvoraussetzung, um ein glücklicher Mensch zu werden. Wenn ein Kind sich angenommen fühlt, traut es sich auch etwas zu. Sarah jedoch „genügt nicht", und das kränkt sie natürlich. In diesem Alter hat man noch kein Repertoire, wie man auf Kränkung reagieren kann. So gibt Sarah ihren Frust weiter, indem sie anderen wehtut oder Sachen kaputt macht.

LIEBE – OHNE WENN UND ABER

Kinder brauchen Eltern, die sie vorbehaltlos annehmen, mit ihren Schwächen, mit ihren Ausrutschern und Grenzüberschreitungen, mit ihren Wutanfällen und Neins, mit all dem, was Eltern das Leben manchmal so unsäglich schwer macht. Und es ist wirklich schwer, seinem Kind zu signalisieren: „Ich habe dich lieb, auch wenn du mich beschimpfst und die Bausteine nach mir wirfst." Vielleicht klingt es in ihren Ohren absurd, aber gerade in so einem Moment braucht das Kind seine Mutter mehr als andere, denn alleine wird es aus diesem Frust nicht herausfinden. Es braucht die Unterstützung und das Gefühl, dass Mama es lieb hat.

Genauso hilflos ist ein Kind, das sich von seinen Eltern nicht angenommen fühlt, weil es die Erwartungen nicht erfüllt. Kinder müssen Wertschätzung erfahren. Tun sie das nicht, sondern fühlen sich minderwertig, erwachsen aus den Gefühlen des Gekränktseins nicht selten Rachegefühle. Dann werden sie gewalttätig gegen andere Kinder, auch gegen Mutter und Vater und gegen Erzieherinnen. Sie zerstören Dinge, die diesen Menschen lieb und teuer sind.

Sarahs Eltern meinen es ja wirklich gut. All ihre organisatorischen und finanziellen Bemühungen drehen sich schließlich darum, Sarah zu fördern. Wenn es ihnen gelänge, das Kind anzuschauen, mit seinen vorhandenen Fähigkeiten und Bedürfnissen, und es liebevoll anzunehmen, würden sie gelassener mit dem Thema Erziehung und Förderung umgehen. Sarah braucht von ihren Eltern das Signal: „Wir haben dich lieb, genauso wie du bist."

Sie sollten ihr sagen, wie mutig und geschickt sie durch den Hindernisparcours beim Kinderturnen hüpft. Sarah muss wissen, dass sie wertvoll ist, egal ob sie elegant Ballett tanzt oder nicht. Vielleicht sind ihre Stärken und Fähigkeiten nicht deckungsgleich mit den Idealvorstellungen ihrer Eltern – dann ist es an den Eltern, ihre Erwartungen zu ändern, anstatt das Kind modellieren zu wollen.

Ich will das auch!

MEINS IST VIEL COOLER

Moritz besitzt mit seinen sechs Jahren einen Gameboy und einen iPod. In seinem großen Zimmer stapeln sich Kisten voller Playmobil, und der Schrank ist voll mit Kinderkleidung teurer Marken. Auch sein Fuhrpark ist gut ausgestattet. Vom Mountainbike bis zum Gokart ist alles vorhanden.

Nachmittags treffen sich die Nachbarskinder oft auf der Wendeplatte vor Moritz' Haus. Moritz fährt mit seinem Mountainbike herum. An diesem Tag bringt Luca seine neueste Errungenschaft mit, ein Pennyboard.

„Hab ich gestern zu meinem neunten Geburtstag bekommen", verkündet er stolz. Luca unternimmt die ersten Versuche damit.

Moritz ist begeistert. Das will er auch haben. Noch am selben Nachmittag schaut er mit seinem großen Bruder Linus im Internet nach den coolsten Modellen. Seine Wahl fällt auf ein neongrünes Modell.

Kaum sind seine Eltern abends zur Türe reingekommen, erklärt er ihnen, dass er unbedingt dieses neongrüne Pennyboard haben muss. Sein große Schwester meint im Vorbeilaufen: „Dafür bist du doch viel zu klein!"

„Gar nicht!", blafft Moritz, „Luca hat auch so eins."

„Der ist auch schon neun", wendet die Mutter ein.

„Kannst du das denn?", fragt der Vater.

„Klar kann ich das. Bestellen wir das? Jetzt gleich?", drängt er seinen Vater. „Linus hat's schon rausgesucht mit mir."

Während der Vater sich umzieht, bohrt Moritz weiter.

„Bitte, Papa. Das geht ganz schnell."

„Aber du hast doch schon viele Sachen", wendet der Vater ein. „Andererseits, das ist schon toll, so ein Board. Ich bin früher auch immer Skateboard gefahren."

Drei Tage später führt Moritz den Kindern stolz sein neongrünes Pennyboard mit passendem Rucksack vor.

Kinder erleben häufig, wie Erwachsene sich gegenseitig an Statussymbolen messen: ein begehrtes neues Automodell, eine große Villa, exotische Urlaube, das neueste Smartphone. Kinder geben das eins zu eins weiter, wenn sie von ihren Eltern abgeschaut haben, dass genau das zählt, dass man darauf richtig stolz sein kann. Selbst unter den Kindern gibt es bereits im Kindergartenalter „Rangkämpfe" dieser Art. Wer hat den neuesten Gameboy? Wer hat alle Figuren aus der Lego-Starwars-Welt? Oder wer darf beim großen Bruder Minecraft am Computer mitspielen? Das ist bis zu einem gewissen Grad normal und nicht wirklich schlimm. Die Frage ist nur: Ist das nötig? Führt das in die richtige Richtung? Macht das mein Kind glücklicher? Vielleicht würde es sich noch mehr freuen, wenn ich seltener „Jetzt nicht!“ antworte, wenn es fragt, ob ich der „Vorführung“ an der Schaukel zuschaue, mit ihm Puppen-Kaffeekränzchen halt, auf der Straße kicke oder Inliner fahren übe.

! MARKEN UND KONSUMTERROR

Es gibt nur sehr wenige Menschen, die sich den Versuchungen der Konsumindustrie völlig verschließen können. Wir Erwachsene belohnen uns gerne mit einem schönen Kleidungsstück, möglichst von einer angesagten Marke, oder mit einer technischen Neuheit – „wir gönnen uns ja sonst nichts". Wer das nicht kann, fühlt sich in unserer Gesellschaft benachteiligt und erfährt Mitleid oder sogar Hohn. Wir leben in einer Anspruchsgesellschaft, in der materielle Errungenschaften, Selbstverwirklichung und ein Leben nach dem Motto „Das steht mir zu" als erstrebenswert gelten. Das alles sehen unsere Kinder, und bis zu einem gewissen Maß leben wir ihnen das auch vor. Aus diesem Grund dürfen wir ihnen keinen Vorwurf machen, wenn sie auch viel, noch besser alles und sofort, haben wollen. Gegensteuern müssen wir aber schon. Das führt zu Frustrationen, die wir als Eltern lernen müssen, auszuhalten.

Wir sollten unseren Kindern immer mal wieder davon erzählen, dass wir auch lernen mussten, uns zu beschränken, und dass wir jeden Tag Entscheidungen treffen müssen, ob wir dieses oder jenes kaufen oder nichts davon. Kinder probieren aus, ob sie alle ihre Wünsche erfüllt bekommen, das ist völlig normal. Es ist die Aufgabe der Eltern, das einzuschränken, auch gegen Protest. Mütter und Väter, die versuchen, ihren Kindern jeden Wunsch zu erfüllen, verwöhnen ihre Kinder über Gebühr. Diese Kinder lernen keine Werte wie Bescheidenheit und Mäßigung, sie erfahren nicht, was Dankbarkeit bedeutet, weil sie keine Entbehrungen – zumindest materieller Art – kennen. Im Übrigen kommen auch die großzügigsten Eltern an einen Punkt, an dem sie des Wünscheerfüllens überdrüssig werden. Je älter die Kinder dann schon sind, umso schwerer wird es für alle Beteiligten.

BEWÄHRTE TIPPS VON ELTERN

- Wenn das Kind die Mutter belagert, in der Hoffnung, dass sie irgendwann aufgeben und stöhnend sagt: „Na gut, dann kaufen wir das eben" – sich Bedenkzeit erbitten, z. B. „Wir reden morgen noch mal darüber. Jetzt hast du mir erklärt, was du haben möchtest. Ich habe es verstanden."
- Eine Wunschliste an der Magnetwand aufhängen. Dort kann jedes Kind seine Wünsche sammeln, indem es sie aufmalt oder die Mutter bittet, sie aufzuschreiben. Wenn der nächste Geburtstag oder das Weihnachtsfest naht, können Eltern und Kind gemeinsam überlegen, was immer noch und ganz besonders wichtig ist.
- Von sich selbst erzählen: Was haben Sie sich als Kind so sehr gewünscht? Haben Sie es bekommen? Wenn ja, wie war das? Wenn nein, wie ging es weiter?

Viele Eltern sind heutzutage finanziell in der Lage, ihren Kindern so manchen teuren Wunsch zu erfüllen. Ein neues Computerspiel, die Popcornmaschine oder ein cooles Mountainbike? Kein Problem. Zum Problem wird es, wenn ein Kind sein Selbstwertgefühl in erster Linie über solche messbaren Äußerlichkeiten definiert. Was passiert, wenn es von einem anderen Kind getoppt wird? Sein Selbstwertgefühl wird empfindlich getroffen, und es wird alles dafür tun, zumindest mithalten zu können. Gelingt das nicht, wird es sich als schwach und wertlos erleben. Da es nicht versteht, was wirklich wertvoll für das Miteinander ist, kann es nicht auf andere Ressourcen zurückgreifen, etwa Fähigkeiten wie hilfsbereit und liebenswürdig zu sein und mit anderen zusammen etwas zu schaffen. Sein Selbstwertgefühl ist auf Äußerlichkeiten und nicht auf innere Charakterstärken und Fähigkeiten zum sozialen Miteinander aufgebaut.

Ohne Spielsachen spielen

Einige Kindergärten sehen in ihrem Konzept spielzeugfreie Zeit vor. Für mehrere Wochen wird jegliches Spielmaterial weggeräumt, bis auf das Mobiliar und dazugehörige Kissen und Decken. Auch wenn das Wegräumen für Erzieherinnen und Kinder zunächst viel Arbeit und dann eine große Umstellung in den Kindergartenabläufen bedeutet, zeigt das Nichtvorhandensein der Spielsachen eine große Wirkung auf das soziale Miteinander und die Spielfantasie der Kinder. Aus Forschungsergebnissen ist zudem bekannt, dass die sprachlichen Fähigkeiten der Kinder sich verbessern, da sie sich ohne die Spielsachen mehr miteinander absprechen und verständigen müssen. Häufig ändert sich auch die Gruppendynamik. Viele stille und ruhige Kinder, die jedoch häufig eine sehr ausgeprägte Fantasie haben, bekommen in einem solchen Umfeld plötzlich eine ungekannte Aufmerksamkeit aufgrund ihrer Spielideen. Und nicht zuletzt weisen die Untersuchungsergebnisse von Langzeitstudien darauf hin, dass ein entsprechender Verzicht auf Spielsachen – in Kombination mit anderen präventiven Maßnahmen – sich auf die spätere Resistenz von Jugendlichen auf Drogen auswirkt, das heißt, sie greifen weniger leicht dazu.

Schön hast du das gemacht!

SUPER, GANZ KLASSE!

Leonie malt versunken an einem Bild. Gestern war sie mit ihren Eltern auf einer Kirmes, und das Karussell hat ihr besonders gut gefallen. So sind auf dem Bild ein Karussell mit Schaukelpferden und ein Strichmännchen mit ganz vielen Luftballons zu sehen. Die Sonne ist oben rechts gemalt, und in der Mitte noch eine Waffel mit Eiskugeln.

Sie läuft nacheinander zu Mama und Papa, die beide im Garten arbeiten, und zeigt stolz ihr Bild.

„Das hast du toll gemalt!", sagt die Mutter mit einem Blick über die Schulter, während sie den Elektrorasenmäher weiterschiebt.

Der Vater gräbt währenddessen das Gemüsebeet um. Leonie hält auch ihm das Bild hin.

„Das ist gut. Könnte man glatt ins Museum hängen", pflichtet er bei. „Obwohl, die Pferde auf dem Karussell sahen nicht so aus. Egal, ist schön so."

Die fünfjährige Leonie schaut noch mal auf das Bild und lässt es dann auf dem Gartentisch liegen.

Leonies Eltern sind beschäftigt und haben gerade nicht viel Sinn für die Zeichnung ihrer Tochter. Vermutlich wollen sie einfach fertig werden mit der anstrengenden Gartenarbeit und mögen jetzt nicht unterbrechen. Dennoch fühlen sie sich gemüßigt, einen Kommentar zu Leonies Bild abzugeben. Der Vater hat das Bild etwas genauer betrachtet, das Aussehen der Pferde kritisiert, aber gleich ein Gespräch darüber abgebügelt, indem er im Grunde genommen gesagt hat: Ist sowieso egal, reicht so. „Toll", „schön" und „gut" sagen beide, wäre das Bild. Gedankenlos darüber gestreut, wie Puderzucker.

Solch daher gesagtes Lob ist für ein Kind nichts wert, weil es merkt, dass es nur dahingesagt ist. Es fühlt sich nicht ernst genommen. Andererseits: Was könnten die Eltern tun? Sollen sie jedes Mal in Begeisterungsrufe ausbrechen, wenn Leonie etwas Neues zuwege gebracht hat? Nein, das wäre sicher übertrieben. Zwei Möglichkeiten, um ihre eigenen Bedürfnisse und Leonies Bedürfnis nach Anerkennung zu befriedigen, bieten sich an. Entweder macht, vielleicht einer von ihnen, eine Pause, nimmt sich ein paar Minuten und lässt sich von Leonie erzählen, was auf dem Bild passiert. Oder sie schlagen vor, sehr bald eine gemeinsame Trinkpause zu machen und dann zusammen in Ruhe das Bild anzuschauen. Falls der Vater die Pferde auf dem Karussell anders wahrgenommen hat, kann er natürlich mit Leonie darüber sprechen, doch wertschätzend und nicht abwertend. Wieso sehen Leonies Pferde so aus? Warum hat sie die Tiere auf diese Art gemalt? So könnte anstatt abgewertet ermutigt werden. Ermutigt dazu, den eigenen Eindrücken zu trauen und sie so wiederzugeben, wie man sie empfunden hat.

Was beschäftigt mein Kind?

Wenn wir versuchen, die Zeichnungen unserer Kinder im Detail zu betrachten, ohne gleich „Toll!" zur rufen oder Kommentare dazu abzugeben, können wir viel über unser Kind erfahren. Anstatt eines Kommentars eine Frage stellen, und schon sind wir mitten in der Kinderwelt. Anstatt eines „Schön hast du das gemalt"" ein „Zeig mal, was hast du gemalt?" Kinder spüren wirkliches Interesse und sprechen gerne über ihre Bilder. Man sollte solche Chancen nutzen, um mit dem eigenen Kind ins Gespräch zu kommen.

Nun werden Sie vielleicht denken: So oft, wie mein Kind ruft „Guck mal!", da würde ich ja nie fertig, wenn ich dann auch noch jedes Mal stundenlang darüber reden würde. Das ist sicher richtig. Aber ab und an alles stehen und liegen zu lassen, zu schauen, zuzuhören, nachzufragen, schenkt uns als Eltern die Möglichkeit, mehr darüber zu erfahren, was unsere Kinder beschäftigt, was ihnen gefallen hat, was ihnen Angst macht, kurz, unsere Bindung zwischen ihnen und uns zu stärken. Das Gefühl der Zusammengehörigkeit, das dadurch so sehr gefestigt wird, ist eine wertvolle Grundlage für schwierigere konfliktreiche Situationen. Gespräche über Ärger, Wut, Enttäuschung gelingen auf dieser Basis viel leichter, weil sie getragen werden von tiefem Vertrauen und Geborgenheit. Das macht starke Familien aus.

HAND IN HAND MIT DEM KINDERGARTEN

Erzieherinnen verbringen viel Zeit mit der Dokumentation der Entwicklung jedes einzelnen Kindes: Sie führen Lerntagebücher, füllen die Portfolios der Kinder mit deren Werken und schreiben fortlaufend ein pädagogisches Tagebuch. Auf dieser Grundlage führen sie regelmäßig Entwicklungsgespräche mit den Eltern jedes Kindes.

Besonders das, was sich im Laufe der Jahre in einem Portfolio sammelt, gibt einen wunderbaren Überblick darüber, welch enorme Entwicklungsschritte ein Kind bewältigt hat.

Erfahrene Erzieherinnen haben unzählige Kinder vom Krabbelalter bis zur Schulfähigkeit begleitet und wissen daher, dass fördern auch fordern heißt.

Wenn ein Kind lustlos und fahrig einen Stern für die Adventsdekoration ausschneidet, an anderen Tagen aber einen sehr geübten Umgang mit der Schere bewiesen hat, wird die Erzieherin das Kind an seine Fähigkeiten erinnern. „Ich bin sicher, das kannst du noch besser machen. Denk nur, wie genau du gestern den Engel ausgeschnitten hast."

Beim Malen verhalt es sich anders. Eine erfahrene Erzieherin wird nicht korrigieren, sondern hin und wieder nachfragen. „Erzähl mir, was genau siehst du auf dem Bild?" Auf keinen Fall wird sie selbst ins Bild eingreifen, um zu zeigen, wie man „richtig" malt, oder zu wirklichkeitsgetreuen Bildern auffordern.

Mama, jetzt schau doch mal!

SCHÖN

Die sechsjährige Franziska und ihr drei Jahre jüngerer Bruder Luca haben im Zoo eine tolle Rutsche entdeckt. Sie sieht aus wie ein Elefantenrüssel, ist in einen Elefanten aus Beton gebaut, und man gelangt entweder über ein Klettergerüst oder eine schlichte Treppe hinauf.

Die Mutter lässt sich auf einer Bank davor nieder und beginnt, ihre Nachrichten auf dem Smartphone zu checken.

„Schau mal, Mama!", ruft Franziska, als sie das erste Mal hinunterrutscht.

Für einen kurzen Moment schaut die Mutter auf, ruft „Schön!" und scrollt den Bildschirm weiter. Sie lächelt und tippt etwas.

„Maaamaa, Maaaaamaaa", ruft Franziska wieder, als sie rutscht. Der kleine Bruder tut es ihr nach.

Die Mutter tippt und scrollt.

„Maamaa, schau mal, ich bin ganz oben!", ruft Franziska jetzt. Sie ist auf die Umrandung des Elefanten gestiegen und balanciert auf der schmalen Mauer.

Die Mutter schaut – und schimpft: „Geh da runter! Nein, Luca, du musst das gar nicht erst nachmachen!"

Franziska ist zufrieden und führt beflissen ihren kleinen Bruder wieder zur Treppe zurück. Beide rutschen. Franziska entdeckt, dass man sich hinter dem Betonelefanten in den Büschen gut verstecken kann.

Diesmal ruft Luca: „Mama, such mich doch!"

Als die Mutter ihn entdeckt, wirft sie ihr Smartphone erbost in die Handtasche und springt auf. „Kommt sofort raus da. Da ist lauter Müll."

Für viele von uns ist das Handy ein unverzichtbarer ständiger Begleiter. Sei es, weil der Beruf das erfordert, sei es, weil man über E-Mail, Facebook und Whatsapp auf dem Laufenden sein möchte. In unserer Gesellschaft gehört das einfach dazu, egal, ob man das gut findet oder nicht. Dennoch kann jeder für sich entscheiden, ob er wirklich immer online sein will.

Handyfreie Zeiten einrichten

Gerade im Alltag mit Kindern ist es sinnvoll, handyfreie Zeiten einzurichten, also: Ton ausschalten, weglegen und sich ganz dem Kind widmen. Denn merkt das Kind, dass das Handy wichtiger ist, für ständige Unterbrechungen im gemeinsamen Spiel sorgt und dass es nie die volle Aufmerksamkeit seiner Mutter hat, frustriert das ein Kind. Es fühlt sich zu wenig beachtet, was sich für ein Kind genauso anfühlt wie wenig geliebt. Ist ein Kind andauernd solchen Frustrationen ausgesetzt, gibt es also wiederholt solche Beziehungsstörungen, dann wirkt sich das auf die Entwicklung des Frontalhirns – das zeigen Untersuchungen von Neurobiologen – nachhaltig aus.

Kinder brauchen Zuwendung, Beziehung, Bindung. Wenn es sein muss, sind sie in ihrer Not sogar bereit, einen hohen Preis dafür zu bezahlen, wahrgenommen zu werden. Sie benehmen sich aufsässig oder besonders laut, respektlos und Grenzen überschreitend, und buhlen doch nur um Anerkennung und Aufmerksamkeit. Das beeinflusst die psychische Gesundheit bis ins Erwachsenenalter hinein.

Vanessa hat aus Erfahrung gelernt, dass sie die volle Aufmerksamkeit ihrer Mutter sicher bekommt, wenn sie sich und ihren Bruder in Gefahr bringt oder in andere von der Mutter als bedrohlich empfundene Umstände. Während die Mutter sich vom Zoobesuch Ablenkung für die Kinder und Zeit für sich erhofft hat, möchten Franziska und Luca mit ihrer Mutter teilen, was sie ausprobieren und machen. Beides ist nur allzu verständlich, und doch geht beides nicht gleichzeitig. Möglicherweise aber nacheinander. Die Mutter könnte den beiden eine Weile ihre ungeteilte Aufmerksamkeit schenken, sie unten an der Rutsche auffangen, selbst rutschen oder einfach zuschauen. Dann könnte sie sagen: „Ihr könnt hier noch rutschen. Ich setze mich auf die Bank da drüben und möchte meine

E-Mails durchsehen. Danach gehen wir zu den echten Elefanten, in Ordnung?“ Das würde den Kindern einen Rahmen geben, in dem sie „Mama schaut jetzt nicht“ einordnen können. Mit dieser Verlässlichkeit ist beiden Seiten geholfen.

! AUFMERKSAMKEIT – WENN ES SEIN MUSS, AUCH NEGATIV

Je kleiner die Kinder sind, desto abhängiger sind sie von den Gemütslagen ihrer Eltern. Ist die Mutter traurig, wird das Kind Nähe suchen und die Bestätigung, dass Mama es noch lieb hat. Ist die Mutter für längere Zeit in der Welt des Smartphones versunken oder checkt alle paar Minuten ihre Nachrichten, frustriert das auf Dauer das Kind. „Die Mama ist gar nicht bei mir“ ist das Gefühl.

Macht ein Kind die Erfahrung, dass es zumindest dann Aufmerksamkeit erhält, wenn es etwas macht, das Mama nicht gut findet, ist das immer noch besser, als gar nicht beachtet zu werden. So geraten Mutter und Kind in einen Teufelskreis: Das Kind „lernt“ zum Beispiel, dass „Sachen nach dem Fernseher zu werfen“ garantiert mit Aufmerksamkeit belohnt wird. Bei der Mutter setzt sich der Eindruck fest, ihr Kind sei ein aggressionsgeladenes unkontrollierbares Schrecknis. Und nicht nur bei der Mutter, sondern auch im ganzen Umfeld. Das Kind wird diese Rolle wohl oder übel ausfüllen. Immerhin erreicht es damit gelegentlich eine Form von ungeteilter Nähe.

Solche Kinder drücken immer wieder und mit großer Zielsicherheit den richtigen Knopf: Sie haben aus Erfahrung gelernt, was sie tun müssen, damit Mutter, Vater oder Erzieherin sofort alles und jeden stehen und liegen lassen und reagieren – zwar mit Schimpfen und Gereiztheit, aber immerhin. Je nachdem, welche Erfahrungen sie gemacht haben, stören sie die Gruppe, machen etwas kaputt, tun anderen weh oder tun etwas Verbotenes „heimlich“.

Viele Eltern fühlen sich heutzutage getrieben. Ständig muss alles schnell gehen, eben rasch erledigt, gleichzeitig getan und kurz noch dieses und jenes dazwischen geschoben werden. Das ist nicht nur gesellschaftlich akzeptiert, sondern wird vielmehr erwartet und gefordert. Und es bestimmt das Leben von Müttern und Vätern, seien sie nun berufstätig oder nicht. Inzwischen gibt es Gegenbewegungen wie „Entschleunigung“ und „Achtsamkeit“. Damit sagen Menschen Nein zum „Multitasking“ und dem Gebot der „Effektivität“.

Es ist doch so: Kindererziehung ist das Gegenteil von „Zeit sparen“. Kindesentwicklung ist das Gegenteil von „effektivem Zeitmanagement“. Ab dem Zeitpunkt, in dem ein Baby in unser Leben tritt, ist es vorbei mit Planungssicherheit, Effektivität und Kontrolle. „Sinnvoll“ genutzte Zeit bekommt eine ganz neue Bedeutung. Je mehr die Mutter sich dagegen wehrt, umso vehementer wird das Kind gemeinsame, ziellos verbrachte Zeit einfordern. Es spürt, wenn dies halbherzig geschieht, und wehrt sich dann seinerseits.

Das heißt nicht, dass ein Kind permanente Aufmerksamkeit haben soll. Ein Spielplatz ist ja kein Zirkus, in dem die Kinder die Akrobaten sind, die man bestaunt und denen man zujubelt. Aber hin und wieder schauen – vielleicht wirklich staunen – und sich freuen mit dem Kind an einer neuen bestandenen Mutprobe, das muss drin sein. In dieser Zeit können SMS und E-Mails warten.

Lass mich mal machen

RUNDUM UMSORGT

Eine Familie sitzt im Restaurant. Den Kindern wird Wiener Schnitzel mit Pommes serviert. Während Andrea, die Mutter, sich weiter angeregt mit dem Vater unterhält, schnappt sie sich zuerst den Teller der dreijährigen Maja und schneidet das Fleisch in mundgerechte Stücke. Danach macht sie dasselbe mit dem Schnitzel des sechsjährigen Benny. Dann erst widmet sie sich ihrem eigenen Essen.

Zum Ärger des Vaters essen beide Kinder nicht nur die Pommes mit den Fingern, sondern auch die Schnitzelstücke. Zwischendrin stehen sie immer wieder auf und laufen zwischen den Tischen herum.

„Findest du nicht, dass die Kinder alt genug sind, um mit Messer und Gabel zu essen?", fragt Thomas seine Frau.

„Ach komm", meint sie lachend, „die sind doch noch so klein. Und mir macht das nichts aus."

„Also Benny kann das bestimmt schon. Irgendwann müssen die Kinder doch mal damit anfangen. Und dass sie dauernd hier rumrennen, das gefällt mir auch nicht."

Die Mutter lacht. „Ach, du willst immer kleine Erwachsene aus ihnen machen", meint die Mutter. „Sie werden schon noch groß, keine Sorge."

Der Vater ist verärgert. „Ich will aber, dass sie lernen, wie man sich im Restaurant benimmt."

Die Mutter macht keinen Unterschied zwischen ihrer dreijährigen Tochter und dem sechsjährigen Sohn – sie zerteilt für beide das Fleisch. Obwohl die Fingerfertigkeit eines Sechsjährigen doch eigentlich weiter entwickelt sein sollte als die einer Dreijährigen. Sie wartet gar nicht erst ab, ob eines der Kinder dem Umgang mit Messer und Gabel versucht.

Die Rolle der „Service-Eltern"

Nicht wenige Eltern gehen in der Rolle auf, sich für ihre Kinder aufzuopfern. Ob es um die mundgerechte Portionierung des Essens, das An- und Ausziehen oder das Tragen des Kindergartenrucksacks geht, immer sind sie zur Stelle und bieten ihre Hilfe an. Meist ungefragt, denn die Kinder sind es ja gewohnt, dass die Eltern ihnen alles abnehmen, was mühsam und beschwerlich sein könnte, was Anstrengung verlangen würde.

Diese Kinder werden klein und abhängig gehalten, und, was noch schlimmer ist, tendenziell ungeschickt bleiben. Obwohl doch eines der am häufigsten gebrauchten Wörter im Kleinkindalter „alleine" ist. Kinder wollen ausprobieren, immer und immer wieder, auch wenn sie scheitern. Sie wollen vieles alleine schaffen, und können es auch. Machen sie jedoch schon früh die Erfahrung, dass ihnen das nicht zugetraut wird – zu gefährlich, zu langwierig, zu mühsam –, fügen sie sich irgendwann in die Rolle. Sie trauen sich wenig zu und warten, dass jemand für sie tut, was sie eigentlich schon könnten.

ALLEINE!

Manche Mütter und Väter wollen ihrem Kind Enttäuschungen und Niederlagen ersparen und so viel wie möglich „abnehmen". Dieses Kind darf nur sehr wenige eigene Erfahrungen machen. Ständig zeigt ihm der Vater etwas, die Mutter erklärt ihm etwas, der Vater warnt es vor etwas, die Mutter nimmt dem Kind etwas ab. Mit der Zeit füllt das Kind die Rolle des unfähigen, ungeschickten und mutlosen Nichtskönners aus. Beim Kind kommt nicht an „Wir wollen dir das nicht zumuten", sondern „Wir trauen dir das nicht zu." Es resigniert, vermeidet Herausforderungen und zieht sich aus jeder Verantwortung heraus.

Dabei will jedes Kind zeigen, was es schon kann. Damit es sich als selbstwirksam und wertvoll begreift, muss es sich entdecken, ausprobieren und gestalten können. Es muss alleine Konflikte lösen, Rückschläge ertragen, Frustrationen aushalten. Nur so wird es Kreativität, Durchhaltevermögen, Selbstvertrauen und den Willen zu Einsatz und Zusammenarbeit entwickeln. Nicht umsonst spricht man vom Erfahrungsschatz.

Fragen wir uns einmal, welchen Vorteil Maja und Benny davon hätten, wenn ihre Mutter ihnen nicht unaufgefordert das Fleisch klein geschnitten hätte. Sie hätten die Möglichkeit, es selbst zu probieren. Dazu kommt es hier gar nicht. Die Mutter geht davon aus, dass ihre Kinder sich unbeholfen anstellen. Das Gegenteil wäre: Sie würde ihnen zutrauen, mit Gabel und Messer umzugehen, und das Selbstbewusstsein der Kinder würde sicherlich wachsen.

Hier gilt es offenbar, eine eingeschliffene Gewohnheit zu ändern. Doch: Steigt die Mutter plötzlich aus ihrer Fullservice-Mutterrolle aus, ist keinesfalls große Begeisterung seitens der Kinder zu erwarten. Sie werden nicht ausrufen: „Danke, dass wir unser Fleisch nun selbst schneiden dürfen." Nein, sie werden sich wehren! Schließlich mussten sie das noch nie selbst machen. Warum heute? Es ist gut möglich, dass die Kinder anfangen, zu trotzen. So leicht lassen sie sich diese Bequemlichkeit nicht nehmen. Je nach Temperament könnten sie wütend werden, herumschreien, Schimpfwörter gebrauchen oder die Hände unter die Oberschenkel stecken, schmollend unter den Tisch schauen und verstummen oder anfangen zu jammern und zu lamentieren. Die Mutter könnte antworten, dass sie überzeugt ist, dass Maja und Benny das alleine können. Außerdem könnte sie die Rolle des älteren Bruders stärken, indem sie an seine Hilfsbereitschaft appelliert – falls die jüngere Maja gar nicht zurechtkommt, könnte er ihr zeigen, wie es geht.

Egal ob Maja und/oder Benny schreien, trotzen, bockig dasitzen oder jammern, hier hilft nur eins: aushalten. Wenn die Mutter jetzt klein beigibt, weil ihr die Situation vor den anderen Gästen des Restaurants peinlich ist, wird sich nichts ändern. Kinder spüren sehr genau, wenn ihre Eltern die öffentliche Blamage scheuen.

HAND IN HAND MIT DEM KINDERGARTEN

Kindergartengruppen sind oft altersgemischt. Erzieherinnen nutzen das, indem sie die Älteren anleiten, den Kleinen zu helfen. Die älteren Kinder bekommen Verantwortung übertragen, etwa wenn sie dafür zuständig sind, dass nach dem gemeinsamen Frühstück die Tische abgewischt werden. Das fördert nicht nur verschiedene Kompetenzen, sondern stärkt auch das Selbstbewusstsein der „Großen". Sie haben Pflichten, aber auch besondere Rechte. Sie dürfen mehr Sachen alleine machen, zum Beispiel etwas aus einem anderen Gruppenzimmer holen. So erfahren sie, dass Großwerden etwas Wertvolles ist und ihre Fähigkeiten anerkannt werden. Ihr Selbstvertrauen wächst.

Vielleicht fragen Sie sich, warum die Eltern von Maja und Benny so blöd sein sollten und ausgerechnet im Restaurant, wo so viele Leute zugucken, ihr Erziehungsexperiment starten sollten. Das ist ein berechtigter Einwand. In der Tat könnten die Eltern das Schnitzelschneiden erst mal zu Hause den Kindern überlassen und dort „einüben". Das ist dennoch keine Garantie, dass die Kinder beim nächsten Restaurantbesuch nicht wieder die bequeme Lösung einfordern.

Vielleicht fragen Sie sich, was so schlimm daran sein soll, dass die Mutter das Fleisch für Maja und Benny schneidet. Schlimm ist es nicht, aber es ist auch nicht gut für die beiden, und es ist auch nicht gut für die Familie. Kinder mit einer selbstverständlichen „Nimmhaltung" heranzuziehen, tut weder den Eltern noch den Kindern gut. Eigenständigkeit und Durchhaltevermögen zeichnet die Kinder der „Anspruchsgeneration" nicht gerade aus. Im Übrigen täte sich auch die Mutter einen Gefallen. Sie müsste sich später seltener anhören: „Das ist doch dein Job, Mama!" – sei es, wenn es um das Bettenmachen geht oder ums Auffüllen der Klopapierrolle. Kurz: Sie würden ihre Kinder zu selbstständigen Menschen erziehen.

Unterschiedliche Erziehungsziele

An der Situation im Restaurant lässt sich noch ein anderes Problem beobachten, dass in vielen Familien für Stress sorgt. Andrea und Thomas haben unterschiedliche Vorstellungen von Erziehung. Das liegt vor allem daran, dass ihre Ziele, ihre Wertvorstellungen nicht dieselben sind. Während der Vater möchte, dass die Kinder lernen, sich im Restaurant zu benehmen und außerdem das Besteck zu benutzen, ist das der Mutter gar nicht so wichtig. Den beiden würde es helfen, sich bei einem Spaziergang – ohne Kinder – darüber auszutauschen, was ihnen in der Kindererziehung wichtig ist. Dazu können auch die Checks in diesem Buch beitragen.

Mutter und Vater müssen sich gar nicht über alles einig sein, aber die Leitlinien müssen stimmen. Es ist sogar ganz gut, wenn es maßvolle Unterschiede in den Erziehungsvorstellungen gibt. Und wenn es beiden Eltern gelingt, nicht jeweils hart auf den eigenen Vorstellungen zu beharren, kann das Kind hier auch wertvolle Lernerfahrungen machen: Es ist eine wunderbare Übung für die Anpassungsleistungen eines Kindes, wenn es sich mit unterschiedlichen Erziehungsmethoden auseinandersetzen muss. Im Kindergarten oder in der Schule werden in jedem Fall andere Anforderungen als zu Hause an die Kinder gestellt werden, da ist es nur von Vorteil, wenn es bereits mehrere Rollenmodelle kennengelernt hat.

Wichtig ist, dass die Kinder Mutter und Vater nicht gegeneinander ausspielen können. Lücken wie „Bei Papa darf ich den ganzen Nachmittag Computer spielen“ oder „Mama kauft mir jedes Mal ein Eis, wenn wir einkaufen gehen“ sorgen in Familien für Konflikte, die weder den Elternteilen noch den Kindern guttun. Extrem schwierig wird das bei Trennungskindern, weil da in manchen Fällen noch eine Rivalität ums Kind und dessen Liebe hinzukommt.

MUTTER UND VATER ALS ERZIEHUNGSTEAM

Fallen Sie sich nicht gegenseitig in den Rücken. Wenn Sie mit einer Erziehungsmethode Ihres Partners nicht einverstanden sind, diskutieren Sie das nicht vor den Kindern aus, sondern besprechen Sie das unter vier Augen. Überlegen Sie gemeinsam: Wie machen wir es konkret beim nächsten Konflikt, z. B. beim nächsten Wutausbruch des Kindes. Wie geben wir uns welche Signale, wer „das Ruder" übernimmt? Wie zeigen wir uns und vor allem dem Kind, dass wir uns unterstützen und eben nicht in den Rücken fallen?

Wenn es etwas Wichtiges zu klären gibt, verständigen Sie sich vorher über die Ziele, etwa klare Regeln zur Schlafenszeit oder Verhalten im Straßenverkehr.

Bestimmt gibt es auch Themen, bei denen der eine emotionaler reagiert als der andere. Dann kann man den ruhigeren Elternteil bitten, das Wort zu führen, und er darf einen auch bremsen, wenn man wieder hochkocht.

Darf ich mit dem Handy spielen?

MIR IST LANGWEILIG

Die Eltern von Vanessa verstehen sich gut mit Neles Eltern. Heute sind die beiden Familien zum Mittagessen in einem Biergarten verabredet. Bei strahlendem Sonnenschein bestellen Sie zu essen, und die Erwachsenen unterhalten sich lebhaft.

„Können wir spielen gehen?", fragt Nele.

„Jetzt bleibt mal da, das Essen kommt doch gleich", meint Neles Vater.

„Mir ist langweilig", sagt Vanessa.

„Mir auch!", sagt Nele.

Vanessa nimmt das Handy ihrer Mutter, das auf dem Tisch liegt und fragt: „Darf ich?"

„Ach nö, dann geht doch lieber auf den Spielplatz da drüben", schlägt die Mutter vor. „Wir rufen euch dann, wenn das Essen kommt."

„Bitte", bettelt Vanessa, „ich will Nele nur kurz das neue Spiel mit den Bonbons zeigen, dann gehen wir schaukeln."

Die Mutter gibt mit einem Kopfnicken zu verstehen, dass sie damit einverstanden ist.

Als die beiden Familien nach etwa zwei Stunden den Heimweg antreten, beherrscht Nele das Bonbonspiel schon richtig gut.

Der Faszination eines Handyspiels können Kinder sich kaum entziehen. Meist dürfen sie ja, wenn überhaupt, nur kurz an einem Handy spielen. Praktisch, wenn Vanessas und Neles Eltern abgelenkt sind und sich unterhalten wollen. Da klingt das „Mir ist langweilig!" geradezu wie eine Drohung, denn es könnte eine lange Reihe von Unterbrechungen in der elterlichen Unterhaltung nach sich ziehen.

Langeweile genießt ohnehin keinen guten Ruf. Weder bei Erwachsenen – „Wenn dir langweilig ist, kannst du ja schon mal dein Zimmer aufräumen" oder „Wie, ihr wisst nicht was ihr zusammen spielen sollt?" – noch bei Kindern – „Das ist soooo langweilig" oder das für Autofahrten typische „Wie lange noch?"

Bei Langeweile schwingt so viel mit, was in unserer Gesellschaft negativ bewertet wird: Ziellos sein, Zeit verplempern, Herumlungern, Rumgammeln. Interessanterweise hat sich das Modewort „Chillen" dem negativen Beigeschmack bisher weitgehend entziehen können, wird aber ausschließlich jungen Menschen ab Eintritt in die Pubertät zugestanden. Für jüngere und ältere gilt: Zeit muss sinnvoll genutzt werden.

Langeweile macht kreativ

Dabei ergibt sich für Kinder ein Paradox: Damit sie beginnen zu spielen, brauchen sie Zeit, und es muss ihnen auch öfter mal so richtig langweilig sein. Dann probieren sie Neues aus, denken sich ein Spiel aus, variieren ein altbekanntes Spiel, erfinden neue Rollenspiele. Das machen sie im eigenen Zimmer und im Wohnzimmer und mit unendlicher Kreativität draußen, wo es unendlich viele Anstöße gibt.

Wohlgemerkt, hier ist nicht der Ausflug in das Einkaufszentrum gemeint oder verordnetes und terminlich festgelegtes Fußballtraining, Ballett oder Kinderturnen. Auch das ist wichtig. Nur: Es sollten eben nicht die einzigen Gelegenheiten sein, bei denen sich das Kind bewegt. Sich austoben ist etwas, das nicht geplant ist und schon gar nicht unter ständiger Aufsicht der Mutter stattfindet. Sich auszutoben tut Kindern gut, auch bei schlechtem Wetter. In Regenpfützen und im Matsch zu spielen macht Kinder im Allgemeinen viel ausgeglichener als Fernsehen oder Computerspielen im Trockenen.

Wenn Eltern meinen, ihren Kindern keine Langeweile zumuten zu dürfen, eröffnet sich auch dieser Freiraum nicht, aus dem Neues entstehen kann. Wenn Kinder im Restaurant mit Handyspielen, Gameboys oder Serien auf dem Tablet ruhiggestellt werden, wenn noch vor dem Start in den Urlaub der DVD-Spieler im Auto angemacht wird und wenn Eltern es vorziehen, dass ihre Kinder drinnen etwas „Sinnvolles" spielen, anstatt sich draußen mit anderen in der Gruppe zu erproben, dann bringt man Kinder um kreative Spielideen und wertvolle Erfahrungen, die ihre Persönlichkeit formen. Und nicht nur das: Wer keine Langeweile aushalten muss, wird auch nie in den Genuss des „Nichtstuns" kommen.

! COMPUTER, SMARTPHONES & CO.

Computerkenntnisse und der Umgang mit anderen neuen Medien sind heutzutage unerlässlich. Dementsprechend finden Kindercomputer und Nintendos immer früher ihren Weg ins Kinderzimmer. Gleichzeitig wird von Lehrern beklagt, dass die Kinder immer weniger lesen. Gegen altersgerechte Computerspiele ist grundsätzlich nichts einzuwenden, jedoch nur, wenn es dafür Zeitlimits gibt. Eltern, die ihre Kinder im Kindergartenalter den Gameboy, den Fernseher oder Ähnliches uneingeschränkt nutzen lassen, machen es sich zu einfach. Hier müssen die Eltern ihre Erziehungsverantwortung wahrnehmen und klare Regeln einführen und durchsetzen. Sonst beklagen sie sich irgendwann über die Geister, die sie riefen. Kinder brauchen für diesen Lebensbereich Regeln.

Um endlosen Diskussionen gleich von vornherein aus dem Weg zu gehen, ist es sinnvoll, eine Familienregel zu Computerspielen, Tablets, Handyspielen und Fernsehen einzuführen. Zum Beispiel: Pro Tag darfst du x Minuten etwas Viereckiges schauen oder machen. Experten empfehlen für Kinder im Alter von drei bis fünf Jahren höchstens 30 Minuten pro Tag, ab sechs Jahren bis zu 60 Minuten pro Tag.

Versuchen Sie sich einmal zu erinnern, bei welchen Gelegenheiten Ihr Kind Ihnen erzählt hat, was so los war, was doof war und was toll war. Typischerweise passiert das im Auto, beim Warten oder beim Essen, manchmal vor dem Schlafengehen. Hätte das Kind in diesen Zeiten ein Tablet oder Handy zum Spielen in den Händen, würden Sie all das nicht erfahren, weil es ja „beschäftigt“ ist.

In vielen Familien sind die gemeinsamen Mahlzeiten die einzige gemeinsame Zeit, bei der alle da sind und miteinander reden können. Deswegen ist eine Familienregel dazu sinnvoll: Die Zeit des Essens soll „handyfrei“ sein. Das erfordert Selbstdisziplin. Wenn der Vater dauernd seine Nachrichten checkt, darf er sich nicht beschweren, wenn der pubertierende Sohn später das Gleiche tut.

Ganz alleine

HAB ICH SCHON

Der fünfjährige Alexander zieht sich seit einigen Wochen abends alleine den Schlafanzug an. Seine Kleidung lässt er dabei vor dem Bett auf den Boden fallen. Schon mehrfach hat die Mutter ihn gebeten, die sauberen Sachen über den Stuhl zu hängen und die schmutzigen in die Wäschetonne zu werfen, doch bisher ohne Erfolg.

Eines Abends, als sie Alexander ins Bett bringen möchte, sucht sie aus Gewohnheit am Boden nach Hose, Socken etc. Zu ihrer Überraschung hängen Hose und T-Shirt ordentlich über dem Stuhl. Eine Socke hat es nicht bis zur Wäschetonne geschafft und liegt vor dem Bett.

Die Mutter freut sich: „Danke, das hast du toll gemacht. So ordentlich! Du bist wirklich eine große Hilfe. Ich glaube, die beiden Socken wären gerne zusammen in der Wäschetonne, was meinst du? Schauen wir gleich zusammen ein Buch an?"

Eifrig wirft Alexander die Socke in den Wäschesammler. „Ich komme gleich wieder. Ich muss erst Zähneputzen, so lange musst du eben warten."

Alexander hat an diesem Abend etwas ausprobiert. Und natürlich wollte er sehen, wie seine Mutter reagiert. Er hat seine Kleidung ordentlich weggelegt – er ist ein Stück „größer" geworden. Und wie reagiert seine Mutter? Sie zeigt ihm, dass sie seine Mitarbeit zu schätzen weiß, dass sie sich darüber freut.

Öfter Danke sagen

Alle wollen gelobt werden. Wer in der Firma arbeitet, hofft, dass sein Einsatz dort gewürdigt wird. Wer einen Familienhaushalt führt, wünscht sich, dass die anderen wenigstens bemerken, dass das Essen mit Liebe gekocht wurde. Wer mit seiner Schwester beim Schaukeln abwechselt, möchte, dass Papa auch mal das liebenswürdige Verhalten lobt. Wer ohne Aufforderung seine Müslischüssel in die Spülmaschine räumt, freut sich, wenn Mama sich darüber freut.

Das heißt nicht, dass dauernd jemand „super" rufen muss, aber wenn es gar nicht wahrgenommen wird, ist das traurig. Hin und wieder ein „Danke" zeigt, dass man ihn und das, was er für die Gemeinschaft tut, schätzt. Noch wirkungsvoller ist es, das Gute zu benennen, zum Beispiel „Das war großzügig von dir" oder „Du warst sehr geduldig." Schaffen wir das häufiger, ist viel gewonnen. In der Kindererziehung sollten wir dieses Grundbedürfnis nach „Anerkennung" viel häufiger nutzen. Wenn Eltern das Gute bei ihren Kindern wahrnehmen und ihnen sagen, dass sie sich daran freuen, verstärkt das die guten Charaktereigenschaften des Kindes. Es hat zudem noch einen rasch spürbaren Effekt: Das Gute wird mehr, das nicht so Gute wird weniger. Mit der positiven Verstärkung lässt sich in der Kindererziehung viel mehr erreichen als mit Ermahnen, Schimpfen und Meckern.

Bei Oma darf ich immer fernsehen!

JETZT SEI DOCH NICHT SO

Jedes Mal, wenn Anne ihren Sohn Linus nach einem Übernachtungsbesuch bei Oma und Opa abholt, ist er quengelig, weil er wenig geschlafen hat. Heike hat schon gar keine Lust mehr, auszugehen und ihren Sohn den Großeltern zu überlassen, denn der Sonntag ist dann immer so anstrengend. Linus ist bockig und will vor allem eins: Fernsehen. Das durfte er bei Oma und Opa auch den ganzen Samstagnachmittag. Und abends haben die drei noch bis halb elf Uhr Memory gespielt – „Und Gummibärchen gegessen, so viel ich wollte", fügt Linus triumphierend hinzu.

Beim Abschied heute Morgen hat Opa Linus zugezwinkert und geflüstert: „Das mit dem Velocirapdingsbums ist unser Geheimnis, okay?"

Linus hat stolz genickt.

Im Auto hat Heike nachgehakt: „Du hast dir doch nicht etwa von Oma und Opa diesen grässlichen Plastikdino gewünscht, der diese blöden Geräusche macht?"

Keine Antwort.

Hier scheint ein klärendes Gespräch zwischen Anne und ihren Eltern unvermeidlich. Vorher muss Anne sich allerdings im Klaren werden, was ihr wichtig ist. Wo liegen ihre eigenen Grenzen und wo kann sie mit einem Kompromiss leben? Ist das viele Fernsehen das Schlimmste? Oder dass Linus so spät ins Bett kommt und tagsüber so viel quengelt? Oder sind es die Süßigkeiten, die in unbegrenzter Menge zur Verfügung stehen? In allen Punkten wird sie ihre Eltern nicht umkrempeln können. Im Gegenteil, Anne wird sich darauf einstellen müssen, dass ihre Eltern ihre „Verwöhnrolle" nicht so ohne Weiteres aufgeben wollen. Dazu kommt, dass Anne in so einem Gespräch plötzlich wieder Tochter ist, und die will ihren eigenen Eltern erzählen, wie sie erziehen sollen? Das kann mühsam werden.

Dass Großeltern ihre Enkel verwöhnen wollen, ist nur allzu gut zu verstehen. Bei den eigenen Kindern musste man immer „vernünftig" erziehen – ja, um dieses Dilemma dreht sich schließlich das Buch, das Sie in Händen halten. Bei den Enkeln kann man endlich lockerlassen, sollen doch die Eltern konsequent sein!

Doch im Gespräch stellt sich schnell heraus, dass Annes Mutter sehr gut versteht, wie anstrengend ihre Tochter den folgenden Tag mit dem unausgeschlafenen Linus findet. Gemeinsam mit Linus besprechen sie, dass der Fernsehnachmittag in Zukunft kürzer ausfällt, damit sie früher zusammen spielen können und Linus auch nicht so spät schlafen geht. Allerdings die Gummibärchen, die lässt Oma sich nicht nehmen. So kommt für alle Beteiligten ein guter Kompromiss zustande.

Manche Eltern fürchten, der „schlechte Einfluss“ von Großeltern oder anderen Verwandten könnte ihre Erziehungsbemühungen torpedieren. Natürlich versuchen Kinder mit dem Argument „Bei Oma darf ich das auch“ irgendetwas Besonderes herauszuhandeln, aber wenn die Eltern klar bei ihrer eigenen Position bleiben, können Kinder das gut trennen und genießen die Aufenthalte bei Oma und Opa umso mehr.

Geschenke erfreuen nicht alle

Die Einflüsse von außen sind ohnehin vielfältig: Oma, Onkel, Kindergartenfreund, Nachbarin, Patenonkel – sie alle freuen sich an den Kindern und wollen ihnen eine Freude machen, gelegentlich auch mit ganz besonderen Geschenken. Da gibt es wunderbare Dinge, die eine Mutter in den Wahnsinn treiben können: ein grellbuntes Spieltelefon, das auf Knopfdruck trötet und klingelt, eine Babypuppe, die unentwegt „Ma-ma“ quäkt, albern kichert und breiigen Kot in die Puppenwindel abgibt, ein Plastik-Velociraptor, der nicht nur mit lautem Dinogebrüll überrascht, sondern auch coole Sprüche drauf hat, eine schwarze Plüsch-Darth-Vader-Maske, die mit typischen Atemgeräuschen wahlweise „I am your father“, „The force is strong“ oder „I find your lack of faith disturbing“ von sich gibt.

Auch wenn beide Elternteile „nie im Leben“ so etwas für ihr Kind kaufen würden, ist es gut möglich, dass Oma Hanne dem Geburtstagskind seinen Herzenswunsch erfüllt. Und Oma Hanne hat recht. Sie darf schenken, was sie will und wovon sie sich verspricht, dass es beim Kind gut ankommt und wofür sie bestimmt stürmisch umarmt wird. Ob das nun besonders förderlich ist oder nicht. Es tut Kindern gut, durch Großeltern und Freunde der Familie Dinge kennenzulernen, die es in der Familie nicht gibt. Wenn Darth Vader und die quäkende Puppe zu sehr nerven, kann man ja mit dem Kind eine Abmachung treffen, dass damit nicht ständig in unmittelbarer Nähe der Mutter gespielt wird. Oder man fordert von Oma, dass sie noch ein Paar Ohrenschützer nachliefert. Außerdem hält die Faszination für solche Spielsachen nicht so lange an, und sie liegen bald vergessen in einer Ecke.

Kinder machen sich ihr eigenes Bild

Bei all dem Ärger über Schwiegermutters Alleingang – „Deine Mutter hätte ja auch mal fragen können, ob wir damit einverstanden sind“ – geraten manchmal jene Seiten aus dem Blickfeld, die für unsere Kinder so wichtig sind. In Verwandten und Freunden finden sie andere Vorbilder als uns und lernen andere Arten kennen, mit Fehlern, Stress, Freude oder dem ganz normalen Alltag umzugehen. Da ist die Tante, die dem sechsjährigen Thorben ganz selbstverständlich zutraut, ihren weißen Scotchterrier durch die Siedlung zu führen. Oder Opa, der so gerne mit Oma Händchen hält und sich beim Kaffeetrinken für den leckeren Kuchen bei ihr bedankt. Oder die siebenköpfige Familie von gegenüber, in der der Vater nicht mit Schimpfwörtern spart, die Kinder sich am Tisch um die Schnitzel balgen, die Sachen der älteren Geschwister auftragen, und immer jemanden zum Spielen haben. Da gibt es auch die achtzigjährige Nachbarin, die immer Zeit hat, um mit der vierjährigen Mara alte Fotoalben anzuschauen, immer wieder. Solche Kontakte über die Kleinfamilie hinaus weiten das Weltbild unserer Kinder. Sie lernen, dass andere Menschen andere Sachen wichtig finden, andere Werte haben und anders leben. Trotzdem bleiben Mama und Papa die wichtigsten Menschen auf der Welt, immer.

MEINE FAMILIE – WAS IST JETZT WICHTIG?

Viele Mütter und Väter fühlen sich verunsichert und trauen ihrer Intuition nicht mehr. Die Erziehungsverantwortung, der hohe Anspruch an sich selbst und die daraus resultierende Befürchtung, etwas falsch zu machen, lasten tonnenschwer auf ihnen. Gelingt es ihnen zunehmend, sich auf ein für sie persönlich bedeutendes Wertegerüst zu besinnen, wird auch das Bauchgefühl wieder vermehrt als ein verlässlicher Ratgeber empfunden.

Haben Sie schon einmal in einem kleinen Segelboot gesessen und sind über einen See gefahren? Vielleicht haben Sie sogar die Pinne gehalten? Die Pinne ist ein langer Hebel, der mit dem Ruderblatt verbunden ist. Damit wird das Boot gesteuert. Strömungen und Wellen bewegen das Boot immer wieder zur Seite, sodass der Steuermann mit der Pinne nachjustieren muss. Um nicht vom Kurs abzukommen, sucht sich der Steuermann am gegenüberliegenden Ufer einen festen Punkt – ein markantes Haus vielleicht oder einen Leuchtturm. So hat er das Ziel immer vor Augen.

Mit der Erziehung von Kindern ist es ähnlich. Hat man das Ziel klar vor Augen, bringen einen auch Abweichungen nicht lange vom Kurs ab. Sie sind unvermeidbar, aber der Kurs wird beibehalten.

Die folgenden Checks sollen Ihnen helfen, sich darüber klar zu werden, welches Ihre Ziele sind, was Sie sich für Ihre Familie wünschen und was Sie ändern möchten.

Oft ist man in einer allgemeinen Unzufriedenheit gefangen. Wie bei einem verworrenen Wollknäuel findet man den Anfang nicht, an dem man ziehen muss. Auch wenn es Ihnen mühsam erscheint, die Fragen für sich zu beantworten – in dieser halben Stunde werden Sie schon viel von dem begreifen, was hinter Ihren persönlichen Familienkonflikten steckt.

Zu allem Überfluss fordere ich Sie auch noch auf, sich zumindest stichwortartige Notizen dabei zu machen. Das ist überaus nützlich: Es leert den Kopf und macht Platz für neue Gedanken. Ich sehe Sie geradezu die Hände über dem Kopf zusammenschlagen: „Woher soll ich denn dafür noch die Zeit nehmen?" Sie müssen die Fragen ja nicht am Stück beantworten. Nutzen Sie kleine Pausen, etwa wenn Sie beim Kinderturnen warten müssen. Oder nehmen Sie sich abends eine halbe Stunde Zeit. Die Spülmaschine kann warten.

Was belastet mich am meisten?

Wenn man Mütter oder Väter fragt, ob zu Hause alles in Ordnung ist, kommen häufig zwiespältige Antworten: „Ja, eigentlich schon, aber ich werde noch wahnsinnig mit ...", oder „Na ja, wenn nur nicht immer ... Aber ich will nicht undankbar sein, wenigstens ist zurzeit niemand krank." Die Unzufriedenheit äußert sich in einem diffusen Gefühl. Irgendwie geht es ja doch, und bei anderen läuft es auch nicht immer rund. Erst wenn in der Familie ein Punkt erreicht ist, bei dem die Mutter oder der Vater – oder beide – sich hilflos und überfordert fühlen, wächst das Bedürfnis, wirklich ernsthaft über das Verhalten des Kindes und das eigene Verhalten nachzudenken.

Alle Beteiligten leiden unter der Situation, jedoch auf sehr unterschiedliche Weise. Meist haben sich Eltern und Kinder bei einem bestimmten Thema dann derartig in einen Teufelskreis hineinmanövriert, dass kein einfacher Ausweg in Sicht ist.

In solchen Momenten – und die gibt es im Leben mit Kindern immer wieder – ist es wichtig herauszufinden, bei welchen Gelegenheiten es in der Familie regelmäßig Stress gibt. Warum gibt es Unstimmigkeiten oder sogar Streit?

Vielen Eltern geht es ähnlich

In Gesprächen mit Eltern und in Beiträgen in Internetforen zeigt sich, dass bestimmte Konflikte in ganz vielen Familien vorkommen. Es sind oft sehr ähnliche Familiensituationen, unter denen Mutter, Vater und Kind leiden. Deswegen orientieren sich die Fragen in dem folgenden Check „Was belastet mich am meisten?“ an jenen Problemen, die von Eltern am häufigsten genannt werden, wenn es um Kindererziehung geht.

Also, finden Sie heraus, was Sie am meisten stört und was bei Ihnen anders werden soll! Sie können die folgenden Fragen als Mutter oder Vater alleine durchgehen oder gemeinsam mit Ihrem Partner. Auf jeden Fall bietet sich damit ein guter Anlass, sich als Elternpaar darüber auszutauschen, was einen im Familienalltag beschäftigt. Machen Sie sich kurze Notizen. Es macht einen großen Unterschied, ob man einen Gedanken auch in Worte fasst und niederschreibt – das hilft ungemein, um sich Dinge bewusst zu machen. Je spontaner, desto besser. Lassen Sie Ihren inneren Vernunftrichter dabei nicht zu Wort kommen – ob andere Ihre Sorgen und Probleme für wichtig halten, tut hier nichts zur Sache. Hier zählen in erster Linie Ihre Gefühle und Erfahrungen.

CHECK: WAS BELASTET MICH AM MEISTEN?

- Woran denke ich morgens als Erstes?
- Worauf freue ich mich morgens überhaupt nicht?
- Worauf freue ich mich?
- Was ist zurzeit wohl unser größtes Problem?
  - Geschwisterstreit
  - Unruhige Nächte
  - Nie ist mal Ruhe
  - Ängstlichkeit
  - Schimpfwörter
  - Hauen oder Beißen
  - Wutanfälle
  - „Taube Ohren“
  - Trödeln am Morgen
  - Essen
  - ...
- Wann tritt es auf?
- Bei welchen Gelegenheiten?
- Zu Hause oder vor allem im Beisein fremder Leute, im Kindergarten oder bei Freunden?
- Wie oft passiert das? Mehrmals am Tag?
- Woran reiben wir uns dabei immer wieder?
- Wann passiert das meistens, morgens oder abends?
- Was macht das Kind dann genau?
- Wie reagiere ich darauf?
- Habe ich schon einmal anders reagiert? Wie? Was habe ich gemacht und gesagt?
- Was könnte mir helfen, mich in einer Konfliktsituation mit meinem Kind zu beruhigen?

- Warum regt mich das so auf?
  - Ich fühle mich schlecht behandelt, nicht respektiert.
  - Ich bin wütend.
  - Es ist mir peinlich und ich schäme mich.
  - Ich sehe einfach keinen Ausweg mehr. Ich habe alles ausprobiert.
  - Mein Partner ist überhaupt keine Hilfe.
  - Die Erzieherin ist überhaupt keine Hilfe.
  - ...
- Habe ich das Gefühl, nicht genug für mein Kind zu tun?
  - Ja, ich fördere es nicht genug.
  - Woran mache ich das fest?
  - Ja, ich verbringe nicht genug Zeit mit ihm.
  - Habe ich das Gefühl, mehr wertvolle Zeit mit Kuscheln, Spielen und Vorlesen mit ihm verbringen zu wollen?
  - Wie viel Zeit verbringe ich wirklich mit ihm?
  - Womit verbringe ich denn meine Zeit?
  - Ja, ich habe keine Geduld, weil ich dauernd so müde bin/weil immer alle etwas von mir wollen/weil ...
  - Woran zeigt sich meine Ungeduld?
  - Nein, das ist nicht mein Problem.
  - ...
- Wie gestresst fühle ich mich im Moment – auf einer Skala von 1 bis 10?
- Gibt es zurzeit etwas in meinem Leben, das mich sehr belastet und nicht mit der Erziehung der Kinder zu tun hat? Raubt mir etwas die Lebensfreude? Gibt es etwas anderes, das meine Energie auffrisst?
- Welches ist der häufigste Satz, den ich zu meinen Kindern sage?
  - ...

Wie wünsche ich mir unsere Familie?

Eigentlich geht es bei vielen Konflikten zwischen Mama, Papa und ihren kleinen und großen Kindern schlichtweg um unterschiedliche Bedürfnisse. Das zeigt sich an ganz alltäglichen Situationen. So haben Erwachsene – aus für Kinder unerfindlichen Gründen – ein großes Interesse an Sauberkeit und Körperpflege. Kinder dagegen möchten Grundbedürfnisse wie Hunger und Durst sofort gestillt haben. Mama möchte also, dass die Hände vor dem Essen gewaschen werden – die Kinder haben aber genau jetzt Riesenhunger und kein Verständnis für überflüssige Reinigungszeremonien.

In einer Familie sind die Bedürfnisse aller richtig und wichtig. An dieser Stelle stellen Sie trotzdem mal Ihre eigenen Bedürfnisse in den Vordergrund. Wenn Ihnen eine Fee sagen würde, dass Sie ab sofort eine Traumfamilie haben – wie sähe sie aus? Denken Sie hier nicht darüber nach, wie realistisch oder unrealistisch das ist. Markieren und schreiben Sie einfach drauf los!

CHECK: WIE WÜNSCHE ICH MIR UNSER FAMILIENLEBEN?

1. Wir haben ein schönes Abendritual, die Kinder gehen gerne und zufrieden ins Bett und schlafen gut. Wir Großen auch.
2. Beim Essen streiten wir uns nicht, sondern lachen und erzählen.
3. Morgens gehen wir entspannt und fröhlich aus dem Haus.
4. Jeder fühlt sich in der Familie so gut aufgehoben, dass er seine Gefühle zeigen kann. Aber niemand haut, zwickt oder beißt.
5. Jeder übernimmt Verantwortung für sich.
6. Mein Partner und die Kinder nehmen mir ungefragt Arbeit ab. Ich bin nicht die „Full-Service-Mutter".
7. Keiner trampelt über den anderen hinweg.
8. Ich habe Zeit für mich.
9. Mein Partner und ich finden genügend Zeit und Ruhe, miteinander zu reden (über mehr als organisatorische Dinge).

10. Wir kuscheln viel.
11. Wir machen zusammen tolle Ausflüge am Wochenende.
12. Unser Zuhause ist ein gemütliches Nest, in dem wir alle gerne beisammen sind.
13. Unsere Woche hat eine Struktur.
14. Ich habe genügend Zeit zum Spielen, Malen und Basteln mit meinen Kindern und werde allen gerecht.
15. Ich schreie nicht wild herum, wenn ein Kind bei mir „den Knopf drückt".
16. Wenn ich doch gemeine Sachen gesagt habe, entschuldige ich mich.
17. Ich drohe keine Strafen an, die ich sowieso nicht durchziehen kann und will.
18. Wenn ich etwas sage, hören die Kinder auf mich.
19. Ich freue mich über „kleine Inseln im Alltag", gerade wenn ich das Gefühl habe, alle zerren und ziehen an mir und mehr Auszeit ist zurzeit nicht drin. Da ist zum Beispiel die Tasse Kaffee mit der Nachbarin, die ich ganz bewusst und achtsam trinke.
20. …

Zeit für sich finden

Besonders Mütter haben oft das Gefühl, die Organisation des Unternehmens Kleinfamilie fordere sie derart von morgens bis abends, von Montagmorgen bis Sonntagabend, dass ihnen überhaupt keine Zeit mehr bleibt, etwas für sich zu tun, sei es Sport, ein Plausch mit Freundinnen, in Ruhe etwas zu lesen oder auch nur ein paar Minuten mit geschlossenen Augen im Sessel zu sitzen. Da erscheint sogar der Besuch beim Zahnarzt als ein willkommener Moment der Ruhe und Entspannung. Kein Wunder, schließlich ist man ja schon dankbar, wenn man mal alleine auf die Toilette gehen darf.

Eltern kennen dieses „Hamsterradgefühl" sehr gut. Obwohl sie wissen, dass es ihre Batterien aufladen würde, wenn sie auch Zeit für ihre Bedürfnisse einplanen, scheuen sie sich häufig davor. Sei es, weil die Mutter glaubt, ohne sie ginge es nicht, oder weil sie Sorge hat, dem Partner das nicht zumuten zu können. Sei es, weil der Vater aufgrund seiner häufigen berufsbedingten Abwesenheit ohnehin ein schlechtes Gewissen gegenüber seiner Familie hat oder abends schlichtweg zu geschafft ist. Es gibt noch unzählige andere Gründe. Fakt ist, Mütter und Väter sollten kein schlechtes Gewissen dabei haben, ihren eigenen Hobbys nachzugehen, und sich Zeit für sich zu nehmen. Die gewonnene Ausgeglichenheit und Freude werden sie direkt an ihre Kinder weitergeben.

CHECK: WAS WÜRDE MIR JETZT GUTTUN?

- Was habe ich früher gerne unternommen?
- Welchen Sport habe ich gemacht?
- Gibt es einen Sport, den ich jetzt gerne machen würde? Alleine oder in der Gruppe?
- Was würde ich gerne einmal ausprobieren, um mich wieder selbst zu spüren?
- Was kann ich tun, um mal wieder „rauszukommen"?
- Brauche ich im Moment eher einen Abend mit Freundinnen in der Pizzeria oder Frisör und Wellness, um mich besser zu fühlen? Oder beides?
- Was würde ich machen, wenn ich morgen den ganzen Tag lang keine familiären Verpflichtungen hätte?
- Mit wem habe ich früher am meisten gelacht? Mit wem kann ich heute lachen?
- ...

Was machen wir richtig gut?

Hier geht es auch darum, den Blick darauf zu richten, was gut läuft. Manchmal verliert man nämlich im anstrengenden Familienalltag den Blick für das, was gut ist. Lassen Sie mal alles stehen und liegen und setzen sie sich zu Ihren Kindern in den Zoo aus Bauklötzen und Holztieren. Da verschieben sich die Prioritäten ganz schnell. Denn das hier ist wichtig, diese spielenden Kinder, die tolle Welten erfinden, sie mit Ihnen teilen möchten, auf Ihren Schoß kommen und sich vor Lachen auf dem Boden wälzen. Vielleicht ist das der Grund, warum so viele Erzieherinnen auch nach vielen Arbeitsjahren immer noch sagen, dass es ihr Traumberuf ist: So viel ehrliche Zuwendung, Wärme, Lachen, Überraschungen, Umarmungen, Lachen bekommt man nur von Kindern.

? CHECK: WAS LÄUFT JETZT SCHON PRIMA?

- Was schaffen wir gut?
- Was finde ich toll an meiner Familie?
- Was kann mein Kind besonders gut?
- Wann war ich das letzte Mal stolz auf mein Kind?
- Wann war ich das letzte Mal stolz auf mich als Mutter/Vater?
- Wann war ich das letzte Mal dankbar, dass mein Partner mit mir zusammen erzieht?
- Wenn andere Menschen unsere Familie sehen, was sehen sie?
- Was haben wir schon zusammen erreicht?
- Welche Schwierigkeiten haben wir gemeinsam gemeistert? Wie ist uns das gelungen? Wer hat was dazu beigetragen? Was würde ich jemand anderem raten, der jetzt mein Problem von damals hat?
- Was kann ich gut?
- In welchen Situationen fühle ich mich in meiner Rolle als Mutter/Vater wohl und sicher?

- In welcher Situation hat sich gezeigt, dass ich ein gutes Gespür dafür habe, was mein Kind braucht?
- Wann haben wir das letzte Mal so richtig zusammen gelacht?
- Wobei hatten mein Kind und ich kürzlich großen Spaß miteinander?
- Wenn Ihnen nichts mehr einfällt, fragen Sie mal jemanden Außenstehenden, was er dazu meint.
- ...

Übrigens: Wir Eltern sollten uns gegenseitig öfter loben: Wenn Ihnen auffällt, wie friedlich das Besuchskind den ganzen Nachmittag mit Ihrer Tochter gespielt und geteilt und einfach so beim Tischabräumen geholfen hat, sagen Sie das der Mutter beim Abholen. Wenn ein Vater seine beiden Söhne im ICE durch Spielen, Vorlesen, Versorgen mit Essen und Trinken und unendlicher Geduld über zwei Stunden lang zufrieden gemacht hat, verdient das Anerkennung. Nicht nur Kinder brauchen Ermutigung, wir brauchen sie auch.

DAS BAUM-MODELL

Erziehung kann man sich wie einen Baum vorstellen, der gut verwurzelt in der Erde steht. Erziehen wurzelt in einer klaren inneren Haltung. Der Stamm ist stark und hält den Stürmen stand. In seinen Adern fließt alles, was der Baum braucht. Die Zweige wachsen aus dem Stamm und bilden das Blätterdach.

Wie schafft man es, trotz unterschiedlicher Erwartungen und vielerlei Anforderungen die eigenen Erziehungsziele zu verfolgen? Wie kann man dauerhaft für ein angenehmes Familienklima sorgen, bei dem jeder zu seinem Recht kommt? Denn eigentlich wollen wir das alle: eine Familie in Balance. Jeder gibt und jeder bekommt etwas. Doch im Alltag haben besonders Mütter das Gefühl, dauernd zu geben und wenig zu bekommen. Je mehr Kinder in einem Haushalt leben, desto mehr wird gleichzeitig von der Mutter verlangt. Und da jedes Kind andere Bedürfnisse hat, erfordert das Erziehen von der Mutter Einfühlungsvermögen und Flexibilität. Es kostet Kraft, zerrt an den Nerven. Und manchmal herrscht dann das Gefühl vor, man könne den Kindern nicht mehr die Liebe, die Geduld, die Warmherzigkeit geben, die sie eigentlich doch so selbstverständlich brauchen.

Dazu kommt, dass manche Mütter sich schwer damit tun, sich in dieser Rolle des erziehenden Erwachsenen zu finden, denn das Wort „Erziehen“ hat für viele Erwachsene einen schalen Beigeschmack.

Bei einigen löst es unangenehme Erinnerungen an Verbote und Strafen aus. Man denkt an Situationen, in denen man sich als Kind von den Eltern unverstanden und ungerecht behandelt fühlte. Ähnlich verhält es sich mit den Begriffen Autorität, Gehorsam und Leistungsbereitschaft, die durch medienwirksame Diskussionen um die „Supernanny", „Kuschelpädagogik" oder die chinesisch-amerikanische „Mutter des Erfolgs" sehr gemischte Gefühle hinterlassen.

Eltern sind Vorbilder

Dabei braucht ein Kind erwachsene Menschen, die es für ihre Stärke und Kompetenz achten kann. Eltern, die im besten Sinne eine Autorität sind und deren Denken und Handeln als Vorbild dienen. Eine Autorität zu sein ist nicht dasselbe wie autoritär zu sein. Es bedeutet jedoch, die Elternrolle mit Leben zu füllen. Sie sind die Mutter beziehungsweise der Vater. Sie sind die wichtigsten Bezugspersonen Ihres Kindes. Sie begleiten das Kind durch die Kindheit und das Großwerden. Bei Krisen führen Sie es mit der Einstellung: Ich bin die Mutter, du bist das Kind. Ich verstehe dich. Aber ich bin der Überzeugung, dass dieses oder jenes jetzt für dich gut ist, auch wenn es schwer für dich ist.

In der modernen Erziehungswissenschaft ist man sich weitgehend einig, dass dieser autoritative Erziehungsstil für die Kinder der beste Weg ist. Zum autoritativen Erziehungsstil gehören Regeln und Grenzen. Regeln und Grenzen, diese Wörter klingen anstrengend. In der Tat: Kinder erziehen bedeutet auch, immer wieder an Absprachen zu erinnern. Bis zu einem gewissen Maß muss man sich auch selbst erziehen. Wie lästig und anstrengend es im Alltag ist, sich selbst an die Regeln zu halten! Nur am Fußgängerüberweg die Straße überqueren und auch nur, wenn die Fußgängerampel grün zeigt. Erst kauen und schlucken, dann reden. Zuhören und ausreden lassen. Nicht fluchen, wenn so ein Trottel einem die Vorfahrt genommen hat. Und doch: Regeln und Grenzen sind wichtig für unser Leben in der Gesellschaft und sie sind wichtig für das Kind, denn sie bieten ihm Orientierung und geben Sicherheit.

Aber Vorsicht: Erziehung darf nicht als Kampf gegen die eigenen Kinder empfunden werden. Bei einem Kampf gibt es Sieger und Verlierer. Das ist nicht der Sinn des Erziehens, denn wenn man unbedingt gewinnen will, wird man verbissen mit dem Zeigefinger auf die aufgestellten Regeln verweisen, und die Kinder werden sich ebenso stur dagegen wehren und versuchen, die Regeln auszuhebeln. Das kann nur zu Frust und Enttäuschung führen.

Die Wurzeln: die innere Haltung

Gäbe es eine „Jobdescription" für Eltern, stände ganz oben auf der Liste: „Führen und begleiten". Kleine Kinder brauchen viel Führung und Begleitung, ältere Kinder dann eher mehr Begleitung und weniger Führung. Über die Jahre verändert sich also die „Jobdescription" und fordert von den Eltern, dass sie sich ständig an den Entwicklungsstand ihrer Kinder anpassen. Einige Aufgaben aber bleiben: Die Familie soll ein schützender Raum sein, in dem sich die Kinder ausprobieren können, in dem sie Halt und Stärkung finden und gleichzeitig neue Freiheiten erfahren, sodass sie zu selbstständigen, verantwortungsvollen und glücklichen Menschen heranwachsen.

Eltern vertreten eine klare innere Haltung und sind im besten Sinne Respektspersonen. Sie zeigen Respekt und Liebe und sie fordern Respekt ein. Es ist klar, dass Erziehung nicht ohne die liebevolle Einstellung zum Kind gelingen kann. Kinder wollen von ihren

Eltern geliebt werden, und in ihren ersten Lebensjahren lieben sie niemanden so sehr wie ihre Eltern. Diese Liebe ist bei allen in der Familie schon da. Was erarbeitet werden muss, ist der gegenseitige Respekt.

Gut genügt

Zu einer gesunden inneren Haltung gehört auch, sich Fehler beim Erziehen zuzugestehen. Wir alle machen Fehler, insbesondere als Eltern. Das ist unvermeidbar und menschlich, und deswegen ist es besser, den Blick in die Zukunft zu richten. Es gilt, den bestmöglichen Zustand zu erreichen, aber perfekt wäre zu viel. Es reicht vollkommen aus, wenn wir es schaffen, möglichst wenig falsch zu machen, gelassen mit unseren Fehlern umzugehen und mit der Überzeugung zufrieden zu sein: „Ich bin nicht perfekt, aber ich kann gut sein."

Der Stamm: Strategie statt Gestolper

Mithilfe der Checks, die Sie in den vorigen Kapiteln mit Ihren Erfahrungen und Gedanken gefüllt haben, sind Sie sich darüber klar geworden, was Sie am meisten stresst. Sie haben auch herausgefunden, was Ihnen im alltäglichen Familienleben wichtig ist und was Sie sich wünschen. Sie haben sich Gedanken gemacht, warum Sie überhaupt erziehen und was dabei herauskommen soll. Nun fehlt „nur" noch die praktische Umsetzung. Wer, wenn nicht die Erwachsenen in der Familie, sollte dafür den Anstoß geben? Das geht am besten mit einer Strategie. Wenn man sich für Situationen, die wiederholt zu Konflikten führen, eine Strategie überlegt, stolpert man nicht durch den Tag von „Die blöde Strumpfhose ziehe ich nicht an" über „Ich will aber heute nicht laufen", „Die Zahnbürste ist ja nicht mal nass“, „Du isst jetzt die Karotten!“ bis zu „Schlaf endlich!“ Mit Überzeugung und Planung zu erziehen mindert das Gefühl, den Böen und Stürmen des Familienalltags ausgeliefert zu sein. Die hilfreiche STAMM-Strategie lernen Sie im gleichnamigen Kapitel weiter unten ausführlich kennen.

Die Zweige: Familienregeln

Familienregeln sind der dritte Teil des Baum-Modells. Sie wachsen aus dem Stamm und sind Teil des durchdachten Erziehens. Wie bei einem richtigen Baum wachsen sie mit, fallen auch mal ab und machen Platz für Neues. Darum sind sie so bedeutsam. Familienregeln sagen, wie es in einem bestimmten Bereich laufen soll, also was erwünscht ist, anstatt dieses oder jenes zu verbieten. Ihr vorrangiges Ziel ist nicht einzuschränken, sondern Orientierung zu geben. Gute Familienregeln schaffen in einem sicheren Rahmen mehr Freiraum und Platz für Eigenverantwortung als zuvor, obwohl sie Grenzen beinhalten. Letztendlich braucht man mit Familienregeln weniger Verbote und muss seltener Nein sagen. Ihre Einhaltung wird zur Routine und sorgt für einen reibungsloseren Ablauf des Tages. Wie Sie Familienregeln individuell für Ihre Familie gestalten, wie Sie sie einführen und wie Sie logische Konsequenzen damit verbinden, erfahren Sie in den folgenden Kapiteln.

KONFLIKTMANAGEMENT – NEUE WEGE GEHEN UND MUT MACHEN

Oft entbrennt ein Streit an immer derselben Situation, und Mutter und Kind reagieren wie zwei Marionetten auf immer dieselbe Weise. Wie können wir aus einem solchen Teufelskreis aussteigen? Wir haben die Wahl – ob wir wieder und wieder darauf anspringen, ist unsere Entscheidung.

Manchmal ist man einfach am Ende. Ratlos, verzweifelt. Schließt sich ins Bad ein und kann nur noch heulen. Von außen trommelt das Kind schreiend und weinend an die Tür. Man denkt: So kann es nicht weitergehen, und wieso schaffe ich das nicht besser? Solche Selbstzweifel gehören zum Erziehen dazu, und jede Mutter und jeder Vater kennen das. Bloß weil man erwachsen ist, hat man noch lange nicht alles im Griff, und unsere Kinder fordern uns immer wieder heraus. Als Mutter kann man manchmal den Eindruck gewinnen, dass ruhiges Fahrwasser Kinder geradezu anspornt, und das stimmt vermutlich. Kinder müssen sich ausprobieren, und das geht am besten in einer Umgebung, in der man sich sicher fühlt. Folglich ist eine friedliche Familienatmosphäre immer etwas Vorübergehendes, bis zur nächsten Böe oder auch dem nächsten Sturm.

In manchen Lebensphasen mögen Entwicklungsschübe, ein neues Geschwisterchen oder Erlebnisse im Kindergarten das Kind aus dem Lot bringen und müssen innerhalb der Familie wieder ausbalanciert werden. Doch auch alltägliche doofe Sachen wie Aufräumen oder Schlafanzuganziehen sorgen für ungeahnte Sprengkraft, und die Explosionen verlangen Eltern viel ab.

Häufig sind Mutter und Kind in bestimmten Verhaltensmustern geradezu gefangen. Ein Konflikt spielt sich wiederholt auf die gleiche Weise ab und endet in Streit und Tränen. Mütter fühlen sich dabei oft wie in einem Film: Man weiß, was als nächstes passieren wird, aber man tut dasselbe wie immer. Manche fühlen sich, als ob das Kind sie mit seinem Verhalten „zwingen" würde, es zu bestrafen. Aber niemand zwingt uns dazu, uns immer gleich zu verhalten. Als Eltern – als „die Großen" – haben wir immer die Möglichkeit, unser Verhalten zu ändern. Das erfordert Anstrengung und Mut, aber es geht. Wir können aus dem Teufelskreis aussteigen.

! LIEBE UND VERSTÄNDNIS ZEIGEN

Erwachsene können mit ihren Gefühlen besser umgehen als Kinder. Eltern müssen ihrem Kind die Gewissheit geben, dass es immer, immer, immer geliebt wird. Egal, was passiert. Egal, welchen Streit es gibt. Egal. Kinder brauchen das Gefühl, dass sie geliebt werden, und zwar so wie sie sind. Wenn wir ihnen das Gefühl geben, sie nur dann lieb zu haben, wenn sie sich so oder so verhalten, führt das entweder gerade zum Gegenteil oder wir finden uns mit einem kuschenden Jasager ohne Ecken und Kanten wieder.

Wenn man selbst gerade richtig wütend ist, fällt einem das schwer. Manchmal hilft da nur, eine kleine Auszeit (für die Mutter) zu nehmen und sich innerlich zu sagen: „Ich mag mein Kind, aber dieses oder jenes Verhalten nicht. Das versuche ich ihm gleich zu sagen."

Wenn man sich die Nase geputzt und kaltes Wasser ins Gesicht gespritzt hat, muss es weitergehen. Aber wie? Das wird Sie vielleicht überraschen: einfach in den Arm nehmen. Auf das Kind zugehen, nah beieinander sein und sich beruhigen. Kinder dürfen ruhig merken, dass ihre Mutter verletzlich, angestrengt oder erschöpft ist, dass sie in manchen Momenten überreagiert. Kurz gesagt, dass ihre „Performance" suboptimal war. Gut ist, wenn die Kinder dann auch die Erfahrung machen dürfen, dass Mama ganz viel daran liegt, die Beziehung wieder heilzumachen. Kinder können in solch schwierigen Situationen lernen, dass niemand perfekt ist oder sein muss. Wenn die Mutter nach Ärger oder Streit wieder auf das Kind zugehen kann, zeigt das dem Kind, wie wichtig ihr ein gutes Verhältnis zu ihm ist.

Den Kurs beibehalten

Gutes Familienleben ist nicht gleich konfliktfreies Familienleben. Im Gegenteil: Konflikte müssen ausgetragen werden, der Punkt ist nur, wie die Familienmitglieder dabei miteinander umgehen. Erinnern Sie sich an das Bild am Anfang dieses Ratgebers mit dem Steuermann, der das Ziel auch bei unruhigem Wellengang nicht aus den Augen verliert? Das ist der eigentliche Elternjob: steuern und für Sicherheit sorgen – führen und begleiten. Gelingendes Erziehen setzt demnach voraus, dass Mütter und Väter sich immer wieder die Zeit nehmen, alleine und im Gespräch über Erziehungsziele nachzudenken. Das funktioniert natürlich nicht bei extrem hohem Wellengang – da gilt es das Boot irgendwie hindurchzusteuern. In manchen Phasen ist es leicht, den Kurs beizubehalten, in anderen wird das Familienboot ordentlich von den Wellen geschaukelt und durch Strömungen abgetrieben.

Wozu erziehe ich eigentlich?

Familientherapeuten sprechen davon, dass auch Eltern ihre Hausaufgaben machen müssen. Gemeint ist, dass Mütter und Väter sich Gedanken darüber machen sollen, wozu sie erziehen. Fragen Sie sich deshalb immer mal wieder: Welche Werte möchte ich meinen Kindern vermitteln? Welche Charakterstärken finde ich wertvoll und möchte sie bei meinen Kindern fördern? Welche Fähigkeiten bringt mein Kind schon dafür mit? Als Hilfestellung finden Sie in diesem Buch im Kapitel „Familienregeln für uns“ mehrere Checks zu diesen Fragen.

Für den Alltag bedeutet das: Was genau will ich das nächste Mal tun, wenn wieder das und jenes passiert? Was will ich sagen? Wie will ich es sagen? Stellen Sie sich vor, wie Sie dann aussehen möchten? Was machen Sie mit den Armen und Händen? Wollen Sie stehen oder in die Knie gehen? Wollen Sie Ihr Kind beim Reden und Zuhören berühren oder auch in den Arm nehmen? Wenn Ihr Kind Sie schlägt oder tritt – wie wollen Sie reagieren? Wenn es nicht aufhört zu schlagen, etwas kaputt zu machen oder außer sich zu schreien – was wollen Sie dann im nächsten Schritt tun?

Sie finden, das klingt zu theoretisch? Unterschätzen Sie nicht die Kraft, die Sie dadurch gewinnen, dass Sie eine schwierige Situation schon einmal im Geiste durchgespielt haben.

Eigene Erziehungsstärken nutzen

„Wenn ich besser erziehen würde, wäre ich eine bessere Mutter.“ Oder auch umgekehrt: „Wenn ich eine bessere Mutter wäre, würde ich besser erziehen.“ So drehen wir uns manchmal im Kreis. Was für die eigenen Kinder gilt, sollten wir uns ebenfalls zugestehen. Nämlich nicht nur nach rechts, sondern auch nach links zu schauen – nicht nur auf das, was zurzeit schief läuft, sondern auch auf das, was gut klappt. Jede Mutter und jeder Vater besitzen eine Menge Ressourcen, die sie ganz selbstverständlich bei der Erziehung ihrer Kinder nutzen. Welche sind das bei Ihnen? Wie können Sie sie nutzen, um sich in anderen Erziehungsfragen weiterzuentwickeln. Dieser Blickwinkel wird Ihnen guttun, denn nur sich selbst dauernd zu kritisieren verbaut einem den Zugang zu den Ressourcen. Im Übrigen – es kann nicht oft genug gesagt werden – gut genügt, perfekt ist nicht gefragt!

Heute ist wieder so ein Tag? Alle Kinder sind im Bett, Sie räumen noch die Küche auf und nagen an sich. Sie fragen sich, warum Sie heute Nachmittag wieder derart aus der Haut gefahren sind und so ungeduldig mit dem Kleinen waren, als er sich im Auto nicht anschnallen lassen wollte? Allerdings:

- Sie haben nicht entnervt gestöhnt und rumgemault, als der Milchbecher heute beim Frühstück umgefallen ist?
- Sie haben beim Abholen im Kindergarten geduldig gewartet, bis er seine Schuhe angezogen hatte, und es nicht „rasch“ selbst gemacht?
- Am Nachmittag ist es Ihnen gelungen, eine halbe Stunde auszuruhen, während Ihre Kinder friedlich im Spielzimmer nebenan mit den Bauernhoffiguren gespielt haben. Danach haben alle zusammen Memory gespielt. Als sie zusammen einkaufen waren, haben die Kinder relativ klaglos akzeptiert, dass es heute keine Extras gab.
- Abends haben Sie entspannt eine Geschichte vorgelesen und Gute Nacht gesagt.

MEINE ERZIEHUNGSSTÄRKEN

Wo liegen Ihre Stärken? Um sich darüber klar zu werden, fragen Sie sich: Was ist heute gut gelaufen? Es ist sinnvoll, zu diesem Thema eine Weile ein stichwortartiges Tagebuch zu führen. Beim späteren Durchsehen der Notizen wird einem bewusst, in welchen Situationen man selbst so reagiert hat – so, wie man es sich wünscht.

Vielleicht legen Sie Ihre Notizen in dieses Buch mit hinein, und wenn Sie es einige Wochen später wieder zur Hand nehmen, lesen Sie Ihre Notizen und die Einträge zu den Checks im Buch noch einmal durch.

- Was ist jetzt anders?
- Welcher Konfliktherd, welche „Baustelle", hat sich verändert?
- Habe ich eine andere Strategie gewählt?
- Was habe ich erreicht?
- Wann habe ich das letzte Mal überreagiert, wilde Drohungen ausgesprochen, mein Kind beschämt oder laut gezetert?
- Wann habe ich mein Kind zuletzt für etwas Gutes gelobt?
- Wie habe ich das letzte Mal in einer Situation reagiert, die wiederholt für Ärger sorgt?
- Bei welchem Konflikt war ich in der Lage, mich zu beruhigen und besonnen zu reagieren?
- Wann habe ich mich das letzte Mal entschuldigt?
- Wann habe ich das letzte Mal über mich gelacht?

STAMM – IN 5 SCHRITTEN KONFLIKTE ANDERS LÖSEN

S = Strategie ändern
T = Ton ändern
A = ankommen
M = Mut machen
M = miteinander stark sein
Mit der STAMM-Strategie souverän durch den Familienalltag.

S für Strategie: raus aus dem Teufelskreis

Sicher haben Sie, während Sie die Checks durchgegangen sind, festgestellt, dass es Situationen gibt, in denen Sie wie von der Tarantel gestochen explodieren, oder dass ein bestimmtes Thema die Harmonie blitzartig zerstört. Sie haben auch erkannt, dass die daran beteiligten Familienmitglieder meist auf die gleiche Weise auf die Krise reagieren. Ob Kind oder Elternteil, alle sind in Handlungsmustern gefangen, die eine Abwärtsspirale in Gang setzen. Dann spielt die Ursache keine Rolle mehr. Es endet immer mit Frust auf beiden Seiten.

Nehmen Sie sich vor, beim nächsten Mal auszusteigen. Oder besser, steigen Sie gar nicht erst ein. Wie soll das gehen, werden Sie sich jetzt fragen. Dafür gibt es mehrere Möglichkeiten. Wichtig ist, dass man Abstand gewinnt häufig genügt der innere Abstand, manchmal muss man sich auch wegdrehen oder in einen anderen Raum gehen. Aber Achtung: Je kleiner die Kinder sind, desto kürzer sollte man sich räumlich von ihnen trennen. Und dann möglichst so, dass das Kind die Mutter noch sehen kann, etwa durch eine Glastür.

Auszeiten als Allheilmittel

Eine „Auszeit“ für die Kinder, wie sie häufig praktiziert wird – das Kind soll in sein Zimmer gehen und „nachdenken“ –, ist bei jüngeren Kindern nicht sinnvoll. Das Kind fühlt sich in diesem Moment als Person abgelehnt – „Mama hat mich nicht mehr lieb“. Obwohl es um ein bestimmtes Verhalten des Kindes geht, ist die Botschaft: „Du bist falsch. Dich möchte ich jetzt nicht mehr sehen.“ Schicken Eltern ihr Kind häufig zwecks Auszeit in sein Zimmer, macht sich beim Kind ein „Mama ist so gemein“- und „Papa ist blöd“-Gefühl breit. Was ganz sicher nicht damit erreicht werden kann, ist dass das Kind nach einiger Zeit geläutert, einsichtig und dankbar wieder aus dem Zimmer kommt. Deswegen: bei einem Streit so wenig Trennung wie möglich.

Wenn eine Auszeit notwendig ist – zum Beispiel, weil Ihr Kind im Sandkasten andere Kinder mit Sand bewirft –, verbringen Sie die Auszeit gemeinsam auf der Bank und bleiben Sie bei ihm. Das fühlt sich für das Kind als eine logische Folge und nicht als willkürliche Strafe an – es darf vorübergehend nicht im Sandkasten mitspielen –, Sie können auf der Bank darüber reden, welches Verhalten Sie und die anderen Kinder gut finden würden – nicht mehr mit Sand werfen –, und dann kann es wieder spielen gehen. Kein Geschrei, keine großartige Szene – „Wir gehen jetzt nach Hause, und da kannst du erst mal in deinem Zimmer darüber nachdenken.“ Stattdessen nimmt man das Kind kurz aus der problematischen Situation heraus, bietet einen gemeinsamen Moment zum Beruhigen an – und dann die Möglichkeit sich anders zu verhalten.

Wohin mit der eigenen Wut?

Das klingt Ihnen zu sehr nach heiler Welt? Oft sind Sie zu wütend, um besonnen zu reagieren? Gut möglich. Es gibt solche und andere Tage. An manchen Tagen hat man sich gut im Griff, an anderen fehlt nur noch der Tropfen, der das Fass zum Überlaufen bringt. Was hier hilft, ist eben jene Strategie, wie man sich das nächste Mal verhalten möchte, wenn der Zorn sich in einem breitmacht.

Was aber tun, wenn man sich so aufregt, dass man nicht mehr weiß, wohin mit sich? Man sollte sich eine Pause zugestehen. Dafür ist immer Zeit – es sei denn, die Badewanne läuft über oder das Fernsehteam von „Die strengsten Eltern der Welt“ steht überraschend vor der Tür, um Ihren Sohn für die nächste Staffel abzuholen.

AUSSTEIGEN UND WIEDER NÄHE HERSTELLEN

Ruhig bleiben, ruhig werden. Wie soll das gehen?

- Sich kurz wegdrehen, aus dem Fenster schauen und dreimal tief durchatmen.
- Einmal auf den Balkon gehen und Luft holen.
- Dreimal tief durchatmen.
- Ins Schlafzimmer gehen und ordentlich die Kissen aufschütteln.
- Trampolin springen.
- Seilspringen.
- „Ommmm“ sagen (da muss man sowieso schon lachen).
- Fünf Sit-ups machen.

- Ins Bad gehen und Hände waschen.
- Sich kaltes Wasser ins Gesicht klatschen.
- Wäsche sortieren.
- Blumen gießen.
- Sich ein Glas Wasser eingießen und in kleinen Schlucken trinken.
- Wenn man gerade erst nach Hause gekommen ist – erst mal Jacke aufhängen und Schuhe ausziehen.
- Wenn es lustig ist – lachen! Wann immer es Ihnen möglich ist, nehmen Sie es mit Humor (das tut Ihrer Autorität keinen Abbruch).

Was auch immer Ihnen hilft: Hauptsache, Sie können wieder ruhig atmen. In diesem Zustand kann es weitergehen. Gehen Sie zu Ihrem Kind, nehmen Sie es in den Arm – auch wenn es sich zunächst wie ein Stock anfühlt – und schweigen Sie eine Weile gemeinsam. Das gibt dem Kind Zeit, sich zu beruhigen, und Ihnen, sich zu überlegen, was gerade passiert ist.

- Was ist in meinem Kind gerade vorgegangen?
- Was hat es gemacht?
- Warum regt mich das so auf?
- Wie habe ich reagiert?

Eltern sind keine Roboter

Sollte Ihnen doch einmal der Kragen geplatzt sein – Sie haben rumgeschrien, gemeine Sachen gesagt und ihr Kind auch noch zu fest am Arm gepackt –, dann schämen Sie sich eine Weile, aber nicht zu lange. Und machen Sie sich nicht fertig dafür. Kinder können durchaus damit umgehen, wenn Mama oder Papa mal ausrasten. Wenn das eher die Ausnahme ist, verkraften sie das. Schließlich sollen sie mit Menschen und nicht mit Robotern groß werden. Was kann man dann tun? Man kann sich bei seinem Kind entschuldigen: „Es tut mir leid, dass ich vorhin …“ Sollten Sie Ihr Kind in einem Moment der Wut, Ungeduld oder Verzweiflung angebrüllt haben, entschuldigen Sie sich dafür.

Und dann überlegen Sie sich, wie Sie das nächste Mal reagieren möchten: Was sage ich? Was mache ich? Wo reden wir? Was will ich erreichen? Das, was Sie sich vornehmen, muss zu Ihnen persönlich passen. Das Modewort „authentisch“ ist zwar ziemlich abgegriffen, passt hier jedoch gut, denn ein Kind spürt sehr genau, wenn die Mutter sich nicht echt verhält.

Um selbst besser einschätzen zu können, was Wut mit einem macht – und die eigenen Kinder können uns wirklich in Sekunden von 0 auf 180 bringen –, kann man das Ausmaß der Wut in drei Zonen einteilen: In der grünen Zone kann ich klar denken und bin ruhig. In der gelben Zone bin ich ärgerlich, aber ich kann die Wut noch im Zaum halten. In der roten Zone denke ich nicht mehr klar, sehe nur noch rot und reagiere dann auf eine Weise, die ich später bereue. Ziel ist es, die eigene gelbe Zone zu erkennen und die Alarmsignale wahrzunehmen. Bestimmt kennen Sie diese blinkenden Lampen kombiniert mit trötenden Warnsignalen, die in Spielfilmen über Chemieunfälle immer vorkommen – vielleicht wollen Sie sich die vorstellen. Wenn es in meinem Kopf blinkt und trötet, ist es Zeit, kurz aus der Situation rauszugehen – innerlich oder körperlich.

Verzeihen und sich entschuldigen

Vielen Müttern und Vätern fällt es schwer, sich bei ihren Kindern zu entschuldigen. Sie fürchten, dabei an Ansehen, an Größe zu verlieren. Das Gegenteil ist der Fall: Es zeugt von Respekt vor dem Kind und eigener Charakterstärke, sich für einen Fehler entschuldigen und um Verzeihung bitten zu können. Entschuldigen und Verzeihen heilt Wunden – und wenn man sich anschreit, fügt man sich Wunden zu. Beim Wort „heilen“ denken wir im Allgemeinen an Krankheiten. Tatsächlich hat man in früheren Zeiten dabei den ganzen Menschen, also Körper und Seele, im Blick gehabt. Genau das tun wir, wenn wir vormachen, wie es geht: um Verzeihung bitten und dem anderen verzeihen.

Auch wenn das Kind noch so einen großen Mist gebaut hat, für unsere Reaktion darauf sind nur wir selbst verantwortlich und nicht das Kind. „Aber wenn es mich doch so gereizt hat“, sagen Sie jetzt vielleicht. Das ist gut möglich, und trotz allem sind Mütter und Väter schon erwachsen und haben gelernt, wie man mit Gefühlen umgehen und sie steuern kann. Kinder müssen das erst noch lernen.

Es geht darum: Wir sollten zu unserem Kind hingehen, in die Hocke gehen und uns entschuldigen können, wenn wir ungerecht waren. Es wäre einfach falsch, darauf zu warten, dass das Kind in dem Fall den ersten Schritt tut. Vielleicht war es ein besonders anstrengender Tag – dann kann man das erklären. Vielleicht hat das Kind zum hunderttausendsten Mal die Jacke mitten im Flur fallen lassen – dann kann man sagen, wie sehr einen das ärgert.

Eine Entschuldigung annehmen

Es hilft niemandem, wenn Mutter oder Vater – oder womöglich beide – sich hinter dem Gekränktsein verschanzen. „So wie mein Kind sich benommen hat, da soll es erst mal selbst kommen und sich entschuldigen.“ In der Erwartung, dass das Kind ankommt und sich für sein schlechtes Benehmen entschuldigt, erstarrt die Mutter zu einem Eisklotz. Wer nähert sich schon gerne einem Eisklotz? Das Kind muss spüren, dass die Tür immer noch einen Spalt weit offensteht. Wenn es sich selbst überwindet und „Entschuldigung“ sagt, dann darf es keine andere Reaktion geben, als offene Arme und liebe Worte.

Unser Ziel sollte sein, in der Familie eine Atmosphäre zu schaffen, in der sich, wenn es angebracht ist, jeder bei dem anderen entschuldigt. Kinder machen so die Erfahrung, dass sich zu entschuldigen nicht gleichbedeutend mit sich kleinzumachen, sich beschämen ist. Vielmehr ist es ein Zeichen von Stärke und Selbstbewusstsein. Wenn die Kinder älter werden, haben Sie damit ein Instrument in der Hand, wie sie selbstbewusst mit Fehlern umgehen können, ohne das Gefühl zu haben, ihr Gesicht zu verlieren.

T für Ton: einfach sprechen

Ist einfach sprechen einfach? Wir Eltern holen gerne zu ausschweifenden Erklärungen aus, warum und wieso wir dieses und jenes nicht so gut finden und es begrüßen würden, wenn ... Wer hat da noch Lust, bis zum Ende zuzuhören? Kinder nicht. Kinder haben es gerne simpel, klar und unmissverständlich. Papas lange Vorträge und Mamas umständliche Erklärungen halten nur vom Spielen ab. Eltern, die ihre Entscheidungen und Handlungen ausführlich gegenüber ihren Vorschulkindern rechtfertigen, stoßen nur auf begrenztes Interesse. Solange die Kinder noch jünger sind, reicht deswegen im Allgemeinen eine kurze Erklärung auf die Frage nach dem Warum. Das ändert sich erst, wenn die Kinder älter werden. Da wird diskutiert und immer wieder neu verhandelt, und das ist auch gut so.

Nicht drumherum reden

Einfach sprechen hat noch eine weitere Bedeutung, nämlich „Sprecht miteinander!“ Es ist die Aufforderung, miteinander zu reden, dem anderen zu sagen, was man mag und was nicht, dem anderen seine Wünsche mitzuteilen und ihn zu fragen, was er sich wünscht. Einander verstehen geht nicht, ohne miteinander zu reden – allerdings auch nicht ohne zuzuhören. Wenn wir unsere Kinder „zuquatschen“, weil wir meinen, immer alles erklären zu müssen, vergeben wir uns die Möglichkeit, zu erfahren, was unsere Kinder darüber denken. Die schalten nämlich nach den ersten langatmigen Sätzen ab und verlieren die Lust. Häufig ist eine klare Ansage zielführender als Erklärungen und Begründungen.

„Du machst das jetzt!" Das klingt für Sie zu sehr nach militärischem Drill? Das ist nicht gemeint. Eine Mutter kann so einen Satz ruhig und bestimmt sagen, ohne den Kommandoton eines Unteroffiziers zu imitieren. Aus der Stimme klingt Freundlichkeit und gleichzeitig Autorität.

Bestimmt wundern Sie sich gelegentlich, wie andere Eltern mit ihrem Nachwuchs reden. „Kein Wunder, dass Lisa so ängstlich ist", denken Sie dann eventuell oder aber auch vielleicht: „Wow, das hätte ich auch gerne mal so." Hören Sie sich immer mal wieder selbst zu. Fragen Sie sich: „Wie rede ich mit meinem Kind?" Fast alle Eltern gewöhnen sich im Umgang mit ihren Kindern Floskeln an und sagen diese in einem bestimmten Ton. Sie können auch mal ihre älteren Kinder fragen, welche Sätze Sie „dauernd" sagen.

Rollen schränken ein

Häufig weisen Eltern ihren Kindern dabei Rollen zu, etwa so: „Na toll, Lisa, ist dir wieder mal der Becher umgekippt" – Lisa ist „unser" kleiner Tollpatsch – oder „Immer bist du der Letzte" – du strengst dich wirklich gar nicht an. Das ist nicht gut für die Kinder, und auch nicht für die Beziehung zwischen Eltern und Kind. Deshalb ist es wichtig, sich selbst daraufhin zu beobachten und sich das nächste Mal selbst „Stopp!" zuzurufen, wenn man wieder so etwas sagen will.

Etiketten sind gefährlich, besonders weil sie oft im Beisein anderer Mütter vergeben werden, quasi auf einer Bühne, zum Beispiel im Kindergarten – „Du weißt nicht, wo dein Hausschuh ist? Du bist wirklich ein kleiner Chaot. Jetzt soll Mama wieder suchen, was?“ Solche Bemerkungen tragen nicht dazu bei, Kindern einen Anreiz zu geben, etwas an ihrem Verhalten zu ändern, im Gegenteil.

ANSTATT

- Dauernd rummeckern und nörgeln;
- Sätze wie „Du bist immer“ oder „Nie machst du“ sagen; ständig ermahnen;
- beschuldigen, anklagen und beschämen;
- beschimpfen, kleinmachen und erniedrigen;
- vergleichen mit anderen (tollen) Kindern;
- Rollen zuweisen: „Kleine Zicke!“;
- schwarzmalen: „Du wirst schon sehen. So wirst du nie ...“;
- sarkastisch verletzen, distanziert demütigen: „Na, das hast du ja wieder toll hingekriegt.“;
- leiden: „Du bringst mich noch ins Grab“;
- haltlose Drohungen aussprechen;
- über das Kind gebeugt schreien.

BESSER

- Offener, freundlicher Blick, am besten auf oder unter Augenhöhe;
- sachlich bleiben, detailgenau und nicht verallgemeinernd;
- eine klare und erwachsene Haltung ausstrahlen;
- freundlich und fest sprechen;
- Ruhe verbreiten;
- Positives loben, dabei Bezug nehmen auf gute Charakterstärken und Werte;
- dem Kind logische Folgen ankündigen, die weiterbringen und aus denen es etwas lernen kann;
- Regeln unmissverständlich formulieren;
- Erwartungen klarmachen;
- konsistent und berechenbar sein;
- respektvoll miteinander reden;
- geduldig und verständnisvoll zuhören;
- öfter mal selbst die Klappe halten

Eine Frage ist eine Frage und keine Aufforderung

Kennen Sie das: Eigentlich ist man schon total genervt, weil man nun schon zum dritten Mal zu seinem Kind gesagt hat, es soll endlich den Schlafanzug anziehen, und trotzdem sagt man beim vierten Mal: „Könntest du jetzt vielleicht endlich mal deinen Schlafanzug anziehen?" Weil man schon so sauer ist, klingt es wie ausgespuckt, jedes Wort wird betont, und der letzte Ton quiekt. Warum machen wir das? Soll das höflich sein? Das ist es nicht, denn da schwingt ja eindeutig eine Drohung mit, nämlich: „Wenn du jetzt nicht ganz schnell machst, was ich sage, dann knallt es!" Warum stellen wir dann eine Frage? Nun, wir meinen, das doch eigentlich schon längst alles gesagt und klar ist. Ist es das? Dann wäre es doch das Naheliegendste, einfach zu sagen, wie es uns damit gerade geht, unverbrämt und geradeaus, etwa so: „Mich ärgert, dass du deinen Schlafanzug immer noch nicht angezogen hast. Ich möchte, dass du das jetzt sofort machst." Da kann man den Ärger heraushören, das ist völlig in Ordnung, aber zickig quieken muss man deswegen nicht.

!

BESSER POSITIV ALS NEGATIV – BESSER EINE KLARE ANSAGE ALS EINE FRAGE

- „Machst du das, bitte?" ist eine Frage. Ihr Kind hört also eine Frage, Sie meinen es jedoch als Aufforderung. Es kann darauf eingehen – oder auch nicht. Wenn Ihnen etwas sehr wichtig ist, formulieren Sie es besser nicht als Frage.
- Eine höfliche Frage wie „Machst du das, bitte?" reicht allerdings dann meistens aus, wenn man sich auf eine Familienregel bezieht, die bekannt ist und im Allgemeinen eingehalten wird. Dann genügt in den meisten Fällen eine höfliche Erinnerung.
- Lieber „Mach bitte das!" als „Lass das!" Wenn etwas Sie stört, sagen Sie nicht nur, was Sie nicht wollen. Sagen Sie vor allem das, was Sie stattdessen wollen.

In kleinen Schritten Veränderungen schaffen

„Könntest du vielleicht“ oder „Wärst du wohl jetzt endlich so freundlich“ gewöhnt man sich nicht von heute auf morgen ab. Wenn man sich entschließt, an sich zu arbeiten und so eine Gewohnheit oder eine eingeschliffene Reaktion ändern möchte, sollte man sich nicht gleich vornehmen, alles auf einmal ändern. Besser beginnt man mit einem Schritt und übt das „in der Praxis“, will sagen im täglichen Durcheinander ein. Auch hier gilt, wie auch sonst im Alltag mit Kindern: erst mal eine Baustelle bearbeiten, dann kommt die nächste dran.

Die Wahl der Worte und der Klang unserer Stimme sind entscheidend dafür, ob unsere Kinder uns zuhören – oder eben nicht. Gerade wenn wir wissen, dass das, was wir gleich von unseren Kindern möchten, nicht auf Gegenliebe stoßen wird, neigen wir dazu, schon im Vorhinein unsere Stimme zu erheben. Wir klingen lauter und giftiger, als wir uns bewusst sind. Wir nehmen den drohenden Protest gewissermaßen vorweg und glauben, ihm so mehr entgegenzusetzen. Das Gegenteil ist der Fall – dadurch wird der Widerstand erst recht herausgefordert.

Ich-Botschaften sind besser als Du-Vorwürfe

„Bist du noch zu retten?“, „Bist du jetzt völlig übergeschnappt?“, „Bist du von allen guten Geistern verlassen?“ – bestimmt fallen Ihnen noch mehr solcher Ausrufe ein, die jedem von uns immer mal über die Lippen kommen. Eigentlich vermitteln Sätze wie diese im Grunde genommen nichts anderes als: Immer machst du etwas falsch. Du bist nichts wert. So wie du bist, mag ich dich nicht.

Das Kind fühlt sich schlecht, bekommt aber keinen Ansatz, wie es sich anders, in den Augen der Mutter angemessener, verhalten könnte. Ein Überhäufen mit Vorwürfen führt zu gar nichts, außer dass man am Selbstbewusstsein des Kindes kratzt. Da ist es besser, in wenigen Worten mitzuteilen, warum man sich ärgert und wie es einem dabei geht.

SEID IHR DENN TOTAL VERRÜCKT GEWORDEN?

Sylvia wundert sich. Ihre vierjährige Tochter Hannah und deren Freundin sind nun schon über eine Stunde im Badezimmer. Alle waren vorher zusammen schwimmen, und die Mädchen sollten sich umziehen und die Haare föhnen. Seltsamerweise ist es so ruhig. Sylvia beschließt, mal nachzuschauen.

Die beiden Mädchen sitzen auf dem Badezimmerteppich und cremen sich ausgiebig ein. Dabei haben sie mit der Creme nicht gespart. Als Sylvia entdeckt, dass sie die teure Körperlotion aus dem Reformhaus genommen haben, entfährt ihr: „Seid ihr denn total verrückt geworden? Meine teure Lotion zu benutzen. Das gibt's doch nicht." Erst jetzt entdeckt sie, dass die Mädchen auf den Spiegel und das Waschbecken mit der Lotion gemalt haben.

„Und da auch noch! Das ist ja wohl nicht wahr!"

Hannah und ihre Freundin sitzen eingeschüchtert auf dem Boden und schauen Sylvia schuldbewusst an.

Der Ärger muss raus

Wann waren Sie das letzte Mal so entsetzt über eine „kreative Idee" Ihres Kindes, so wie Sylvia in diesem Beispiel? Als Ihr Sohn die Wohnzimmertapete mit den Wachsmalstiften verschönt hat? Oder als Ihre Tochter die Motorhaube des Autos mit Schnee gewaschen hat? Die Schottersteine im Schnee hatte sie nicht bemerkt, aber sie ergaben ein tolles Muster. Nein, niemand fordert Sie auf, in so einem Moment ob der Potenziale Ihres Kindes in Begeisterung auszubrechen, ganz bestimmt nicht. Natürlich ärgert man sich da, und natürlich soll man als Mutter oder Vater zeigen dürfen, dass einen das aufregt. Es geht hier nur um das Wie.

Im obigen Beispiel müsste Sylvia vermutlich erst mal tief durchatmen. Kurz überlegen, was ist passiert? Wie schlimm ist das wirklich? Dann könnte sie ruhiger etwas sagen wie: „Ich verstehe, dass ihr euch mit der Lotion eincremen wolltet. Das ist ja auch die Lotion, die ich immer nach dem Baden benutze. Aber ich möchte nicht, dass sie überall verteilt wird. Sie ist nur für den Körper. Ich gebe euch jetzt zwei Lappen und dann wischt ihr bitte die Creme vom Spiegel und Waschbecken ab.“ So formuliert, beschuldigt Sylvia ihre Tochter und die Freundin nicht, macht aber klar, was sie geärgert hat.

Sylvia könnte die Lotion von jetzt an so wegräumen, dass die Kinder sie nicht mehr erreichen könnten. Das ist eine gangbare Möglichkeit. Sie entscheidet sich jedoch dafür, ihrer Tochter zu vertrauen und ihr die Möglichkeit zu geben, in Zukunft verantwortungsbewusster damit umzugehen. Außerdem nutzt sie den Weg „logische Folge“ und ermöglicht den Mädchen eine „Wiedergutmachung“, indem sie die beiden auffordert, die Creme vom Spiegel und den Waschbecken abzuwischen. Dadurch lernen sie, Verantwortung für das, was sie tun, zu übernehmen.

A für ankommen: gehört werden

Diese Erfahrung haben wir alle schon gemacht: Ob es sich um einen handfesten Streit zwischen Geschwistern, Freunden oder eine lautstarke Auseinandersetzung zwischen Mutter und Kind handelt – in der Hitze des Gefechts ist der Verstand ausgeschaltet. Da ist es nicht sinnvoll, mit klugen Argumenten etwas erreichen zu wollen. Erst wenn der Herzschlag beim Kind wieder auf Normalniveau ist, kann man mit ihm beziehungsweise allen Beteiligten darüber reden, was los war und wie man gemeinsam eine Lösung dafür finden kann. Man sollte sich das immer mal wieder vor Augen führen: Was ich im Moment des Streits zum Kind sage – was ich nicht mag, was mir nicht gefällt –, dringt nicht zu ihm durch.

Klar denken nicht möglich

Dank der Neurobiologie weiß man heute, dass bei Menschen in Stresssituationen vor allem jener Teil des Gehirns aktiv ist, der für Kampf oder Flucht zuständig ist, nämlich das Stammhirn, auch Reptilienhirn genannt. Hiermit reagieren Kinder, wenn sie wütend oder verzweifelt sind. Sie haben in diesem Moment keinen Zugang zu anderen Arealen ihres Gehirns. Sie können einfach nicht klar denken, geschweige denn zuhören.

Erst wenn das Kind wieder ruhig und gleichmäßig atmet und die Körperspannung nachgelassen hat, kann die Mutter das Kind wieder erreichen. Doch wie kann sie dem Kind helfen, aus dem Zustand „Wut“ oder „Verzweiflung“ herauszufinden? In den Arm nehmen, auf den Schoß ziehen, über den Kopf, die Schulter, den Arm streichen, langsam den Rücken im Kreis streicheln – all das hilft. Das Gefühl von Geborgenheit lässt die Anspannung abflauen und ist die beste Basis, um nach einem Zwist wieder aufeinander zuzugehen.

Gleichzeitig muss man sich darüber im Klaren sein: möglichst zeitnah darüber sprechen. Je jünger das Kind ist, desto weniger Zeit sollte zwischen dem Vorfall und dem Gespräch darüber vergehen. Ein zweieinhalbjähriges Mädchen kann sich schon nach zwei Stunden nicht mehr so genau erinnern, was da eigentlich vorher zwischen ihm und diesem Baby, das neuerdings bei Mama und Papa so eine große Rolle spielt, passiert ist. Das hat mit der Entwicklung des Gehirns zu tun, das erst noch reifen muss.

PAUSE AUF DER BANK

Sandra und ihre dreijährige Tochter Lina nutzen das schöne Wetter und gehen zum Spielplatz. Lina stapft sofort mit Schaufel und Eimer zum Sandkasten, wo schon eine Menge anderer Kinder im Sand buddeln. Sandra unterhält sich mit einer Bekannten, bis lautes Geschrei aus dem Sandkasten ihre Aufmerksamkeit auf sich zieht. Sie sieht, wie Lina ein anderes Mädchen mit Sand bewirft. Sandra geht zu Lina und kniet sich auf den Rand des Sandkastens und schaut Lina in die Augen, während sie sagt: „Lina, ich möchte nicht, dass du mit Sand wirfst. Du kannst damit spielen, aber nicht schmeißen."

Dann geht die Mutter wieder zur Bank. Lina häuft mit den Händen Sand auf und plötzlich fliegt der Sand doch wieder auf die anderen Kinder.

Sandra steht auf und holt die protestierende Lina aus der Sandkiste. Sie geht mit dem schreienden Kind zu einer Bank etwas abseits. Lina versucht sich loszureißen, doch ihre Mutter zieht sie neben sich auf die Bank.

„Du kannst nachher wieder spielen gehen", sagt die Mutter ruhig.

Linas Schreien geht in Schniefen über, und Sandra zieht ihre Tochter so auf den Schoß, dass die beiden sich ansehen können.

„Mit Sand zu werfen ist blöd für die anderen Kinder", sagt Sandra. Was könntest du noch im Sandkasten spielen?"

„Burg bauen", murmelt Lina.

„Gut, dann kannst du jetzt wieder zum Sandkasten gehen und eine Burg bauen. Ich glaube, du schaffst das, ohne mit Sand zu werfen. Dann können wir auch gerne noch eine Weile auf dem Spielplatz bleiben. Sonst aber nicht, okay?", fragt die Mutter und sucht wieder den Augenkontakt.

Lina nickt und rennt los.

Kurz auf dem Sofa zusammensitzen und reden, auf der Bank beim Spielplatz einen Moment finden oder auch kurz aus dem Zimmer gehen. Warum? Klärende Gespräche brauchen keine Zuschauer. Im Gegenteil, das lenkt nur ab und im Zweifelsfall düpiert es einen der Beteiligten.

Für ein kurzes klärendes Gespräch sollte immer Zeit sein. Niemals sollte man ein Kind mit dem Gefühl ins Bett schicken, etwas derart Falsches, Ärgerliches oder Unmögliches getan zu haben, dass Mama und Papa sich nicht bis zum Schlafengehen mit ihm vertragen wollen. Für ein Kind ist das gleichbedeutend mit: Mama und Papa haben mich nicht mehr lieb. Ein paar klare Worte, sich gegenseitig verzeihen, sich wieder vertragen und sich ganz doll lieb haben – das muss vor dem Abendritual stattfinden, damit der Tag gut aufhört.

Kurz und klar, freundlich und fest

Kinder sind Meister darin, uns hinzuhalten, wenn sie keine Lust haben, etwas zu tun. Sie tun zum Beispiel so, als hätten sie uns nicht gehört, oder sie sagen „Ja, gleich" und „Noch nicht." Typischerweise verfällt man daraufhin als Mutter ins Nölen, „Du-u, du hast mich doch gehört.", „Du-u, machst du jetzt mal?", während der Geduldsfaden weiter gespannt wird.

JETZT SEI BITTE SO GUT!

„Maa-ax, ich hatte dich schon zweimal gebeten, Zähneputzen zu gehen. Jetzt sei bitte so gut! Du weißt, es ist wichtig, dass man sich abends die Zähne putzt." Aus ihren zusammengekniffenen Lippen liest Max ab, dass Mama ein bisschen ungeduldig wird. Trotzdem: Er hört auch heraus, dass da noch ein klein bisschen Luft ist, um weiter zu spielen, anstatt Zähne putzen zu gehen. Er rollt sich unter den Tisch und spielt mit dem Polizeiauto.

Plötzlich kommt die Mutter auf ihn zugeschossen und zerrt ihn unter dem Tisch vor.

„Sag mal, rede ich Chinesisch oder was?", fährt sie ihn an.

„Aua!"

Seine Mutter hält ihn weiterhin am Arm fest und beugt sich über ihn. Gereizt zischt sie zwischen zusammengepressten Zähnen hervor: „Du gehst jetzt sofort Zähne putzen!"

Am Ende explodiert Max Mutter. Ihrem Eindruck nach hat sie es mehrfach freundlich versucht, doch das hat ja nichts genützt. Max ist ein bisschen „muttertaub". Ihre wiederholten Bitten und Erinnerungen bleiben ohne Effekt. Das geht so lange, bis die Mutter richtig sauer wird. Offensichtlich haben die beiden sich „angewöhnt", auf diese Weise miteinander umzugehen, aber damit fühlen sich natürlich beide nicht wohl. Die Mutter fühlt sich nicht respektiert und irgendwann genötigt, „so richtig böse zu werden", und Max fühlt sich von der explodierenden Mutter schlecht behandelt und ebenso wenig respektiert.

Ehrlich sein

Damit sich diese Situation nicht allabendlich wiederholt, könnte die Mutter am nächsten Abend direkt und ehrlich sagen, was sie möchte. Zum Beispiel: „Max, ich möchte dass du jetzt Zähne putzen gehst. Jetzt!", oder „Max, geh jetzt Zähne putzen!" Mit Nachdruck, und klar, ohne dekorative Worte. Hier sind das „Jetzt sei bitte so gut!" der Mutter und die ewigen Wiederholungen kontraproduktiv, weil darin die Bitte um einen Gefallen für die Mutter mitklingt. Wirkungsvoller, wäre es, echt und ehrlich zu sein. Wenn sie will, dass es jetzt passiert, ohne weitere Aufforderungen, ohne Verzögerungstaktik, weil es Abend ist, weil es Zeit dafür ist, weil alle müde sind, dann gilt es, genau das klar zu kommunizieren.

Was auch gut gegen Elterntaubheit ist: Mit dem Kind eine Zeit ausmachen. Zum Beispiel: „Wann putzt du deine Zähne? Gleich nach dem Abendessen?“ – „Okay.“ – „Super, danke, dann weiß ich jetzt, dass du es gleich nach dem Abendessen erledigst.“ Am einfachsten und wirkungsvollsten ist eine klare Familienregel zum gewünschten Ablauf des Abends. Darauf kann die Mutter sich dann kurz beziehen, zum Beispiel: „Es ist sieben Uhr. Zeit zum Schlafanzuganziehen und Zähneputzen.“

! KLAR UND KNAPP

Eltern neigen manchmal dazu, ihren Kindern weitschweifig zu erklären, was sie stört oder was sie von ihnen erwarten. Sie setzen an mit „Weißt du, es ist so ...", verweisen auf ähnlich Situationen mit „Das ist so wie damals, als ..." und begründen ihr Ansinnen noch ein weiteres Mal mit „Es ist eben leider so, dass ...". Ganz schön langweilig, oder?

Bei einem Kollegen, der einen beim Kaffee holen im Büro auf diese Art festnagelt, würden wir schon bald mit den Füßen scharren und denken „Jetzt komm doch mal zum Punkt! Ich hab noch was anderes zu tun, als deinen umständlichen Erklärungen zuzuhören." Unseren Kindern geht es genauso. Es reicht Ihnen vollkommen, wenn wir einmal sagen, was Sache ist, und dann können sie wieder spielen gehen – will sagen, sich den wichtigen Dingen des Lebens zuwenden.

Wenn man sich selbst darüber im Klaren ist, welche Botschaft ankommen soll, kann man diese kurz und klar formulieren. Eine eindeutige Aufforderung ist besser als gestellte Höflichkeit oder umständliche Bitten. Kinder spüren die innere Haltung dahinter und reagieren dann eben so – oder anders.

Ein guter Weg, der Endlosschleife von Aufforderungen zu entgehen, ist folgender: Das Kind wiederholt kurz, was es als Nächstes machen soll. Die Mutter macht deutlich, dass sie es nicht noch einmal wiederholen wird.

Erinnern ist nicht gleich ermahnen

Deswegen sind Familienregeln so hilfreich: Sie setzen einen unverrückbaren Handlungsrahmen. Manche Dinge müssen schlichtweg nicht jeden Tag neu ausdiskutiert werden. Sie sind einfach so, und dann reicht eine knappe Ansage vollkommen aus. Da sind keine neuerlichen Erklärungen nötig, sondern schlichtweg eine Erinnerung. „Tür zu", „Jacke aufhängen" oder „Abräumen" muss dabei nicht unfreundlich klingen, im Gegenteil, da macht der Ton die Musik. Das Kind wird nicht mit Vorwürfen überschüttet und weiß trotzdem sofort, worum es geht.

Ähnlich verhält es sich, wenn man sich als Mutter in einem Wortgefecht à la „Hab ich gar nicht!" – „Ich hab's doch gesehen!" – „Das war ich nicht!" – „Glaubst du, ich träume?" wiederfindet. Da ist eine kurze klare Ansage effektiver und sinnvoller: „Schluss damit! Ich möchte, dass du deinen Teller in die Spülmaschine räumst." Allerdings: „Machtworte" dieser Art sollte man sparsam einsetzen. Bei zu häufigem Gebrauch verpuffen sie. Im Allgemeinen werden Sie immer weniger Gebrauch davon machen müssen, je gefestigter die Familienregeln sind.

Auf Augenhöhe oder tiefer

Wenn wir unseren Kindern etwas Wichtiges zu sagen haben oder etwas klären wollen, sollten wir zu ihnen hingehen und uns auf ihre

Höhe begeben, um ihnen in die Augen zu schauen. Je nach Situation können wir uns auf den Boden setzen, in die Hocke gehen oder uns hinknien. Je nach Situation kann man dabei eine Hand auf die Schulter legen oder eine Hand des Kindes nehmen, um die Aufmerksamkeit zu erhöhen. Der Effekt von Blickkontakt und gegebenenfalls auch Körperkontakt ist nicht zu unterschätzen. Das signalisiert dem Kind: Ich spreche mit dir. Hör mir bitte zu!

„KÖNNTET IHR VIELLEICHT …?"

Nina und Florian buddeln im Sandkasten. Sie wetteifern, wer am besten durch die Beine hindurch nach hinten wegschaufeln kann. Dabei fliegt eine Menge Sand über den Kasten hinaus.

Der Vater trägt Küchenabfälle zur Biotonne und ruft im Vorbeigehen:

„He, ihr zwei! Könntet ihr das bitte lassen?"

Die Kinder buddeln weiter. Es macht nicht den Eindruck, als hätten sie ihren Vater gehört.

Auf dem Rückweg ins Haus versucht es der Vater noch einmal: „Hallo? Könntet ihr vielleicht bitte damit aufhören?"

Kopfschüttelnd geht er ins Haus und sagt zu seiner Frau: „Die hören wirklich überhaupt nicht."

Da muss er sich nicht wundern, werden Sie jetzt wahrscheinlich denken, wenn er das so im Vorbeigehen sagt. In der Tat hätte der Vater bei seinen Kindern eher Gehör gefunden, wenn er erstens hingegangen und Augenkontakt gesucht hätte, zweitens eindeutig und ohne „vielleicht" gesagt hätte, worum es ihm geht, und drittens freundlich klargemacht hätte, dass er erwartet, dass der Sand nämlich im Sandkasten bleiben soll. Wenn schon viel davon draußen gelandet ist, kann er sie auffordern, das wieder in Ordnung zu bringen, in dem sie den Sand zurückschaufeln.

Die Luft rausnehmen

Verhaltenspsychologen haben erforscht, welchen Unterschied es macht, ob man bei der Kommunikation die Augen auf gleicher Höhe hat wie das Gegenüber oder höher bzw. tiefer. Die Ergebnisse sind eindeutig: Wenn man erreichen möchte, dass der andere sich weder angegriffen noch herumkommandiert fühlt und offen dafür ist, seinem Gegenüber zuzuhören, muss man mindestens auf Augenhöhe mit ihm sein. „Von oben herab“ mit einem anderen Menschen zu reden, schüchtert den anderen eher ein, als Kooperationsbereitschaft zu wecken. Im Fall, dass der andere aggressiv ist, sozusagen im „Angriffsmodus“, und man aber an den Verstand des Gegenüber appellieren möchte, muss man zunächst für Entspannung beim anderen sorgen. Man muss das Signal senden: „Ich will dir nichts tun.“ Das gelingt am besten, indem man sich noch ein bisschen unter die Augenhöhe des anderen begibt. In Stresssituationen schaltet das menschliche Gehirn Schutzmechanismen ein. Da regiert der Hirnstamm, nämlich jener Gehirnteil, der für schnelle, automatische, aber auch wenig durchdachte Aktionen zuständig ist. Angriff oder Flucht, eine schnelle, reflexartige Reaktion, die nicht über den Verstand läuft. Um ihn wieder dazuzuschalten, muss man diese Mechanismen überwinden. Erst wenn wir entspannt sind, schalten sich andere Gehirnteile wie der Neocortex dazu, mit dem man rational und überlegt entscheiden und handeln kann.

Überprüfen, ob man angekommen ist

Wir Eltern gehen immer davon aus, dass unsere Kinder wissen, was wir wollen. Aber das stimmt häufig gar nicht. Eltern drücken sich manchmal recht unklar aus. Kinder wiederum wissen es zu schätzen, wenn Eltern nicht drumherum reden. Manche Eltern scheuen sich davor, ihren Kindern zu sagen: „Mach dies!“ oder „Mach bitte das!“ Dabei möchten Kinder wissen, woran sie sind und was von ihnen erwartet wird.

Wenn Sie das Gefühl haben, Ihr Kind ist eigentlich gerade mit den Gedanken woanders oder auf dem Absprung, können Sie es an der Schulter berühren, es bitten, Sie anzusehen und erst dann sprechen. Bei wichtigen Sachen lassen Sie das Kind kurz wiederholen, worum es geht. Dann können Sie sicher sein, dass Ihr Kind Sie verstanden hat. Das ist besonders bedeutend bei „No-Gos“, etwa wenn es um Gefahren im Straßenverkehr oder Ähnliches geht.

! GEHÖRT WERDEN

- Senden Sie Ich-Botschaften.
- Reagieren Sie frühzeitig, bevor Sie „kochen“.
- Sagen Sie, was Sie wollen. Nicht nur, was Sie nicht wollen.
- Lassen Sie sich wiederholen, was Sie erwarten.
- Je wichtiger Ihr Anliegen, desto näher wenden Sie sich zum Kind.
- Schauen Sie Ihrem Kind dabei in die Augen. Begeben Sie sich auf oder unter Augenhöhe Ihres Kindes.
- Sie können Ihr Kind beim Sprechen sanft an der Schulter oder am Arm berühren.
- Sprechen Sie deutlich! Nicht nuscheln und nicht nölen.
- Schwingen Sie keine langen Reden, sondern sprechen Sie kurz, klar und in für das Kind verständlichen Worten.
- Kündigen Sie gegebenenfalls an, was passiert, wenn es deswegen wiederholt Stress gibt.

M für Mut machen: das Gute anerkennen

„Danke, dass du die Katze gefüttert hast“, „Danke für deine Hilfe beim Reintragen der schweren Taschen aus dem Auto“, „Danke, dass du …“. Wir nehmen vieles für selbstverständlich und bemerken gar nicht, was alles in unserer Familie klaglos vonstatten geht und ungefragt und selbstständig von den einzelnen Familienmitgliedern erledigt wird, wo einer dem anderen hilft.

Lob spornt an

Es gibt immer irgendetwas am Tag, das es wert ist, zu loben. Vielleicht hat der Vierjährige wieder völlig unaufgefordert seine Jacke aufgehängt. Die Schuhe liegen zwar achtlos hingeschleudert herum. Aber ist es nicht viel ermutigender, die Schuhe auch noch aufzuräumen, wenn man zuerst dafür gelobt wird, dass man die Jacke aufgehängt hat? Die sechsjährige Tochter hat die Apfelsaftflasche – entgegen sonstiger Gewohnheit – wieder zugemacht, nachdem sie sich etwas zu trinken genommen hat, und sie hat eine neue Wasserflasche aus dem Keller geholt, nachdem sie die letzte geleert hat. Ist das nicht ein Dankeschön wert? Gut, sie hat vergessen, den Küchenschrank mit den Gläsern wieder zu schließen. Was wird sie wohl eher bewegen, auch das noch kurz zu machen, bevor sie wieder hinausrennt? „Du hast den Gläserschrank offen stehen lassen!“, oder: „Danke, dass du eine neue Wasserflasche geholt hast. Mach bitte den Gläserschrank noch zu, danke!“

Gutes zu verstärken kostet keine Kraft, nur etwas mehr Achtsamkeit im Alltag, und dennoch nutzen wir die Kraft der positiven Verstärkung viel zu wenig. Mit dieser Strategie wird das Familienleben mit einem Schlag harmonischer und entspannter. Wir nehmen das Gute wahr, benennen und loben es und erreichen dadurch, dass noch mehr Gutes entsteht. Wenn es uns mehr und mehr gelingt, solche Momente wahrzunehmen und zu nutzen, umso mehr ermutigen wir das Kind, sich auch in anderen Lebensbereichen zu steigern.

WERTSCHÄTZEN UND ANERKENNEN – BEISPIELE FÜR POSITIVE VERSTÄRKUNG

„Du hast gewartet, bis ich fertig war mit Telefonieren. Das nenne ich Geduld!"

„Ihr zwei spielt heute so friedlich."

„Du hast Leon dein neues Fahrrad geliehen? Das war sehr großzügig von dir."

„Danke, dass du mir erzählt hast, dass du aus Versehen in den Sofastoff geschnitten hast. Das ist sehr mutig von dir. Es freut mich, dass du so ehrlich bist."

„Du vergisst nie deine Jacke im Kindergarten. Du bist so zuverlässig, das bewundere ich."

„Der Stern, den du für Oma ausgeschnitten hast, ist ganz gleichmäßig. Das war bestimmt nicht einfach. Da hast du wirklich Ausdauer bewiesen."

„Ich habe gesehen, wie ihr zusammen den Wagen gezogen habt. Ihr habt toll zusammen gearbeitet."

Was fällt Ihnen spontan ein, was Ihr Kind heute Gutes gemacht hat? Wofür sollten Sie sich am Abend bedanken? Was könnten Sie loben? Wenn wir uns angewöhnen, unseren Blick auf das, was gut läuft, zu lenken und uns weniger auf das zu fixieren, was uns ärgert, hilft das nicht nur den anderen, sondern auch uns selbst. Vertreter der Positiven Psychologie haben in Studien nachgewiesen, dass Wertschätzung und Anerkennung allen guttut. Dem sie widerfährt sowieso, aber auch dem, der etwas gibt, weil er eine optimistischere Weltsicht gewinnt.

In dem unsere Kinder immer wieder von uns hören, welche Werte wir an ihnen schätzen, fördern wir das Potenzial, das in ihnen liegt. Ihre guten Anlagen und Begabungen werden gefördert, und ihre Persönlichkeit entwickelt sich positiv weiter. Wenn wir die guten

Charaktereigenschaften unseres Kindes wertschätzen und mit Werten in Verbindung bringen, fördern wir das Selbstvertrauen ungemein. Es wird zunehmend selbstverantwortlicher handeln und sich respektvoll verhalten.

Die Stärken stärken – nicht nur an den Schwächen arbeiten

Zweifellos ist es erstrebenswert, ein Mensch mit vielen Charakterstärken zu werden. Ebenso ist es schön, wenn ein Kind sich in allen Lebensbereichen gut entwickelt. Eltern und Erzieherinnen stehen vor der schwierigen Aufgabe, nicht nur Zielstrebigkeit und Durchhaltevermögen zu fördern, sondern auch Gemeinschaftssinn und Kompromissbereitschaft. Nicht nur Liebenswürdigkeit, sondern auch Durchsetzungsvermögen. Im Kindergartenalter ist es beispielsweise unerlässlich, daran zu arbeiten, dass ein schüchternes Kind mit wenig Selbstvertrauen ausprobiert, wie es in der Gruppe seinen Platz finden kann. Oder dass jemand, der oft tritt und beißt, lernt, dass es andere Wege gibt, sich mitzuteilen und seinen Ärger loszuwerden. Oder dass es nicht nur „Ich, ich, ich" gibt, sondern dass man Warten und Teilen muss. Oder dass Scheitern und Misserfolge weder ein Armutszeugnis sind noch zu unkontrollierten Wutausbrüchen berechtigen, sondern Ansporn sind, es noch mal zu versuchen.

Gute Charaktereigenschaften nicht für selbstverständlich nehmen

Nun scheint es in unserem Bildungssystem die Tendenz zu geben, vor allem an den Schwächen zu arbeiten und die Stärken als zufriedenstellend entwickelt zu belassen. Dies zeigt sich symptomatisch in der Schule: Dort wird mit Nachhilfestunden in den schwachen

Schulfächern gepusht und geschubst, während die Fächer mit guten Leistungen eher wenig Aufmerksamkeit erhalten. Hier liegen doch offensichtlich Stärken, hier macht etwas Spaß, hier hängt man sich gerne rein oder es gelingt mit Leichtigkeit. Warum wird das so wenig wahrgenommen und weiter gefördert? Wenn ein Kind etwas gut kann oder macht, muss das anerkannt werden. Sonst passiert es leicht, dass gerade jene Kinder, die sich insgesamt unauffällig verhalten, also wenig stören, nicht gewalttätig sind, völlig selbstverständlich teilen und mithelfen, übersehen werden.

HOPPLA!

Jonas greift nach der Milchpackung und wirft dabei seinen Kakaobecher um. Erschrocken starrt er auf die sich ausbreitende Kakaopfütze. „Hoppla", meint der Vater. „Holst du die Küchenrolle, Jonas?" Jonas steht auf, saugt mit dem Küchenpapier die Pfütze auf und wirft es in den Mülleimer. Dann setzt er sich wieder hin. „Vielen Dank fürs Aufwischen", meint die Mutter und lächelt Jonas zu. „Möchtest du jetzt noch mal Kakao haben?"

Die Eltern haben kein großes Aufheben um Jonas Missgeschick gemacht. Sie haben auch nicht „Du Tollpatsch" oder „Och nee, nicht schon wieder" ausgerufen. Es ist auch niemand hektisch aufgesprungen, um das Malheur rasch aufzuwischen. Stattdessen haben die Eltern Jonas die Möglichkeit gegeben, die Sache selbst wieder in Ordnung zu bringen. Diese ermutigende Haltung ist es, die Kinder zu selbstverantwortlichen Menschen heranwachsen lässt.

Konflikte sind Chancen

Grundsätzlich sind Konflikte vor allem eins: lästig! Die alltäglichen kleinen Missgeschicke, Streitereien, Wortgefechte und Trotzanfälle sind anstrengend und kosten Nerven und Zeit. Trotzdem: Sie sind keine Zeitverschwendung. Wenn wir es schaffen, sie nicht als lästiges Übel, sondern als Herausforderungen zu sehen, leistet jede dieser Situationen einen Beitrag zur Charakterbildung unseres Kindes. Man muss nicht so weit gehen und einen Konflikt als Geschenk bezeichnen, aber doch wenigstens als Chance. An ihnen reifen unsere Kinder und entwickeln ihre Persönlichkeit weiter. Wir als Eltern können ihnen dabei helfen, neue Wege zu finden, wie sie damit umgehen können.

Ermutigen ist einfach

Es gibt unzählige Gelegenheiten im Alltag, Ermutigung zu geben, und zwar gerade dann, wenn ein Konflikt im Anmarsch ist. Wenn der Geschwisterstreit zu eskalieren droht, wenn das Kind nicht warten möchte, wenn es seine Schuhe nicht alleine anziehen möchte, wenn es nicht teilen will, wenn es sich nicht an Absprachen hält – immer dann können Eltern sich auf Momente beziehen, in denen sich das Kind besonders positiv verhalten hat.

Die Wertschätzung, die man dem Kind zeigt, wenn es völlig selbstverständlich und unaufgefordert hilft, teilt, wartet, durchhält, trägt maßgeblich zu einer gelungenen Eltern-Kind-Beziehung bei. Sie bildet die Basis dafür, dass man sich in anderen, schwierigeren Situationen darauf beziehen und dem Kind vor Augen führen kann: Du kannst das! Du hast das schon mal geschafft!

Idealerweise arbeiten Eltern und Erzieherinnen dabei Hand in Hand. Sie tauschen sich über Begebenheiten aus, die bei der ermutigenden Erziehung eine Rolle spielen. So entsteht beim Kind nach und nach ein Wertegerüst, das es durchs Leben begleiten wird.

M für miteinander stark sein: die Familie zählt

Inzwischen sind Sie sich bestimmt klarer darüber geworden, was Ihnen in der Erziehung Ihrer Kinder wirklich wichtig ist. Vermutlich haben Sie sich darüber mit Ihrem Partner ausgetauscht und/oder haben einer guten Freundin von Ihren Gedanken erzählt. Bestimmt haben Sie aufmerksam andere Eltern beobachtet und ganz unterschiedliche Erziehungsstile bemerkt. Vielleicht haben Sie auch mit der Erzieherin gesprochen und neue Einsichten erhalten.

Hinter jeder Familienregel verbirgt sich mindestens ein Wert, manche sagen auch Tugend dazu. Es ist etwas, das Sie bei Ihrem Kind fördern möchten. Oft macht man sich das gar nicht bewusst, da sich der Sinn einer Familienregel ganz einfach dadurch erschließt, dass sie für alle Beteiligten eine Erleichterung im Alltag ist. Das klingt zu abstrakt?

EINE EINFACHE FAMILIENREGEL UND WELCHE WERTE DAHINTER STEHEN

Die Baustelle: Silke deckt den Tisch nach jeder gemeinsamen Mahlzeit alleine ab, weil alle Wichtigeres zu tun haben, als der Mutter dabei zu helfen.

Die Familienregel wird lauten: Jeder räumt seinen Teller, sein Besteck und sein Glas nach dem Essen direkt in die Spülmaschine.

Welche Werte stecken dahinter und werden beim Kind gefördert? In erster Linie Ordentlichkeit, aber auch Selbstdisziplin und Verantwortung. Im Hinblick auf die Mutter sind es Respekt, Rücksichtnahme und Zusammenarbeit.

Sie sehen, es geht um viel mehr als nur den Ärger darüber, dass Silke immer alleine den Tisch abdecken muss. Die Kinder lernen Ordnung zu halten, Verantwortung zu übernehmen und ihren Beitrag zum gemeinsamen Haushalt zu leisten. Sie erleben, wie in einer Familie einer den anderen unterstützt. Familien, in denen solche Werte gefördert und gefordert werden, säen den Samen für einen besseren Umgang miteinander über die Familie hinaus. Sie leisten einen wertvollen Beitrag zu einer von Respekt geprägten Gesellschaft. Ohne gegenseitigen Respekt kann es kein gutes Familienleben geben, keine wertschätzende Umgebung im Kindergarten, in der Schule, bei der Arbeit und so fort. Unsere Gesellschaft braucht den Respekt für den anderen.

Ohne gegenseitigen Respekt geht es nicht

Was Eltern heutzutage mehr denn je leisten müssen, ist demnach Charakterbildung. Dabei können Erzieherinnen im Kindergarten unterstützend wirken, denn da ist im Allgemeinen noch Raum und Zeit, die Kinder auch dahingehend zu fördern – hier lernen Kinder in einem geschützten Rahmen soziales Miteinander.

Mit dem Wechsel in die Schule beginnt ein neuer Lebensabschnitt. Lehrern bleibt wegen des vollen Lehrplans oft kaum Zeit, auch an der Persönlichkeitsentwicklung ihrer Schüler mitzuwirken. Schon in der Grundschulzeit wandeln sich gleichzeitig in vielen Familien die Wertvorstellungen. Schulische Leistungen gelten von nun ab als Maß aller Dinge. So kommt es zu einem Ungleichgewicht: Selbstdisziplin, Durchhaltevermögen und Zielstrebigkeit werden gefördert, solange sie dem Ziel „gute Schulnoten" dienen. Andere Werte wie Hilfsbereitschaft, Verstehen, Rücksichtnahme und Zusammenarbeit werden hinten angestellt. Dabei sind es gerade diese Fähigkeiten, die wir in unserer Gesellschaft in Zukunft brauchen werden. Unser Ziel als Eltern muss es sein, unserem Kind Durchhaltevermögen + Rücksichtnahme, Zielstrebigkeit + Hilfsbereitschaft, Eifer + Friedfertigkeit zu vermitteln. Erziehung hat letztlich das Ziel, eine Persönlichkeit mit ausgewogenen Charakterstärken heranzubilden und eine erfüllte Rolle in der Gesellschaft zu finden.

FAMILIENREGELN FÜR UNS

Mit Familienregeln muss man bestimmte Dinge nicht jeden Tag neu diskutieren und auch nicht dauernd wiederholen. Konflikte verlieren an Kraft, und eine gute Routine erleichtert den Alltag. Wofür es Familienregeln gibt, ist je nach Familie verschieden und auch innerhalb einer Familie individuell an verschiedenaltrige Kinder angepasst. Was für die einen wichtig ist, bedeutet anderen Eltern nicht so viel. Eines jedoch haben sie alle gemeinsam: Familienregeln haben nichts mit Macht und Willkür zu tun.

In allen Familien gibt es irgendwelche Regeln. Das kann zum Beispiel das Schuheausziehen im Flur sein, damit nicht der ganze Dreck ins Haus getragen wird, oder das Spielsachenaufräumen vor dem Abendessen. Darüber hinaus gibt es Regeln, über die sich alle einig sind, etwa das Anschnallen im Auto. Letztere Regel gehört zur Kategorie „Betonmauer", so wie das rote Ampelmännchen, das Stopp sagt. Klare und übersichtliche Familienregeln haben den Sinn, nicht jeden Tag aufs Neue die immer gleichen Fragen zu diskutieren und die Antworten darauf auszuhandeln oder gar auszufechten. Familienregeln erleichtern Eltern und Kindern den Alltag und sorgen für ein harmonischeres Familienklima.

Ein Beispiel: Sie möchten – so wie Silke im obigen Beispiel –, dass jedes Kind nach dem gemeinsamen Essen sein Geschirr abräumt und direkt in der Geschirrspülmaschine verstaut. Die Regel könnte dann lauten: Nach dem Essen räumt jeder sein Geschirr in die Spülmaschine. Warum? Weil das eine große Hilfe für Mama und Papa ist. So einfach – und so kompliziert. Denn gerade kleine Kinder sind mit ihren Gedanken schnell woanders und vergessen solche Dinge. Da hilft nur, immer dann daran zu erinnern, wenn ein Kind rasch vom Tisch aufspringen will. Es dauert eine Weile, aber dann wird es zur Routine, und man muss nur noch sehr selten daran erinnern.

Verbieten Sie sich selbst, nach dem Motto zu handeln: Bevor ich jetzt lange rufe und rede kann ich es genauso schnell selbst machen. Das merken sich Kinder. Sie sind Spezialisten im Lückenfinden. Falls Sie die Lücke anbieten, werden sie das nächste Mal hindurchschlüpfen. Jetzt denken Sie vielleicht, Familienregeln wären nur dazu da, die Kinder in geordnete Bahnen zu lenken. Das stimmt zum Teil, allerdings können Sie sicher sein, dass Ihre Kinder Sie daran erinnern werden, sich ebenfalls daran zu halten. „Wieso muss Papa sein Glas nicht in die Spülmaschine räumen?“ „Papa, Mama hat gerade das ‚Sch-Wort’ gesagt!“

Gibt es schon Regeln in der Familie?

Bevor Sie darüber nachdenken, welche neuen Familienregeln Ihnen das Leben erleichtern können, nehmen Sie sich etwas Zeit und sammeln Sie, was bei Ihnen schon gilt. Einige Vorschläge stehen schon da – streichen Sie, was bei Ihnen nicht zutrifft und ergänzen Sie die Liste mit Ihren persönlichen Punkten.

CHECK: WELCHE REGELN GIBT ES BEI UNS BEREITS?

- Wenn andere Mittagsruhe halten, mache ich etwas Leises.
- Wenn jemand redet, warte ich, bis er fertig ist.
- Wir sagen keine Schimpfwörter.
- Wir reden miteinander, anstatt zu hauen.
- Wenn ich vom Tisch aufstehen will, frage ich zuerst.
- Was ich mir nehme, räume ich zurück.
- Was ich öffne, mache ich wieder zu.
- Sonntags lasse ich die anderen bis 9 Uhr schlafen und spiele in meinem Zimmer.
- ...

Jetzt gehen Sie Ihre eigene Liste noch einmal durch und überlegen, auf welche der bestehenden Regeln Sie verzichten könnten. Manches ist möglicherweise überflüssig. Markieren Sie dann, welche Familienregeln überhaupt nicht klappen. Und danach in einer anderen Farbe jene, die ohnehin schon selbstverständlich befolgt werden – herzlichen Glückwunsch!

Unsere Baustellen – was soll sich ändern?

Nachdem Sie mithilfe der Checkliste „Was belastet mich am meisten?" im Kapitel „Meine Familie – was ist jetzt wichtig?" herausgefunden haben, welche Baustellen Sie derzeit haben, können Sie sich jetzt auf einen Ihrer Konfliktherde konzentrieren. Welche Schwierigkeit steht im Moment im Vordergrund? Stellen Sie sich vor, Sie hätten einen Bagger zur Verfügung: Graben Sie nicht zu viele Löcher auf einmal! Graben Sie eines, füllen Sie es auf und lassen Sie die Erde sich setzen. Dann kommt das nächste Loch. Warum? Weil Menschen Gewohnheitstiere sind und Gewohnheiten nur langsam geändert werden können. Bis eine Gewohnheit abgeändert ist, dauert es erfahrungsgemäß drei bis vier Wochen ...

DIESE EWIGE UNORDNUNG

Miriam nervt das Chaos im Haus. Überall lässt jemand etwas liegen und vergisst es dann. Das beginnt schon beim Nachhausekommen: Im Hausflur stehen die Schuhe herum, die dreckigen liegen auf den sauberen, der Schuhschrank dagegen ist fast leer. Das gleiche Bild an der Garderobe: Die Haken warten, dass jemand seine Jacke an ihnen aufhängt, anstatt sie auf den Fliesenboden darunter zu werfen. Dazwischen liegen Handschuhe, Schals und Mützen, für die eigentlich mehrere Kisten unter der Bank angeschafft wurden. Aber auch diese Kleidungsstücke finden ihren Weg nicht dorthin, es sei denn, Miriam lässt ein Donnerwetter los. Ihre Bitten, doch aufzuräumen, werden mit einem „Ja, mach ich nachher" quittiert.

Auf dem Esstisch liegen die Reste einer Bastelarbeit ihres Jüngsten, im Wohnzimmer diverse Kleidungsstücke und Schulbücher ihrer 13-jährigen Tochter. Der Fliesenboden im Badezimmer ist mit schmutzigen und frischen, vor dem Spiegel anprobierten, Klamotten übersät. In den Kinderzimmern mischen sich noch Spielsachen unter die Kleidungsstücke.

Bisher hat Miriam am Vormittag und am Abend viel Zeit damit verbracht, „klar Schiff" zu machen. Weder hätte sie sonst mal durchsaugen, noch abends in einem einigermaßen aufgeräumten Wohnzimmer entspannen können.

Miriam beschließt, ein erstes Loch zu baggern. Das soll der Flur sein. Beim gemeinsamen Abendessen erklärt sie allen, dass sie sich in dieser Unordnung nicht wohlfühlt, dass sie aber nicht mehr bereit ist, hinter den anderen Familienmitgliedern herzuräumen.

Schon eine Familienregel ändert viel

Die neue Familienregel dazu lautet also: Wer nach Hause kommt, hängt seine Jacke an den Haken, wirft Schal und Mütze in eine Kiste unter der Bank und räumt seine Schuhe in den Schuhschrank.

Was wird passieren? Manchmal klappt es, manchmal nicht. Es ist Miriam aber wirklich wichtig. Wie kann sie für sich nervenschonend reagieren, wenn jemand es besonders eilig hatte und der ganze Krempel wieder mal liegen bleibt? Eine Möglichkeit ist, die gemeinsamen Mahlzeiten als „last call" zu verwenden. Das bedeutet, dass es erst dann etwas zu essen gibt, wenn die Sachen flugs weggeräumt wurden. Sollte das durch „Mach ich nachher" oder „Ich hab aber jetzt keine Lust" künstlich hinausgeschoben werden, fangen die anderen eben schon mal an zu essen. Gut möglich, dass der Aufräumverweigerer dann ziemlich sauer wird. Miriam muss sich geistig auf Widerstand einstellen. Da sie sich aber entschieden hat, in diesem Punkt nicht nachzugeben, wird sie fest und ruhig darauf bestehen.

Das wird sicher ein anstrengendes Stück Arbeit. Es fällt ihr leichter, seit sie das Ziel „weniger Unordnung" klar ins Auge gefasst und sich eingestanden hat, wie sehr sie zum einen unter der Unordnung leidet und sich zum anderen über sich ärgert, dass sie sich ausnutzen lässt. Mit dieser inneren klaren Haltung ist sie optimistisch, dass sie Protest und Streik aushalten wird. Nach und nach wird sie dafür sorgen, dass im Haus weniger herumliegt. Und dass sie nicht mehr als „Full-Service-Mama" gesehen wird.

Vielleicht verstehen Sie jetzt, warum ich Ihnen rate, erst eine übersichtliche Baustelle zu bearbeiten. Sowohl Miriam als auch ihre Kinder wären total damit überfordert, das Thema Aufräumen von heute auf morgen für das ganze Haus geltend zu machen. Nach einer Weile werden sich aber alle Familienmitglieder an die Familienregel für den Flur gewöhnt haben, und man kann sich ans Baggern des nächsten Lochs machen. Das Gute ist: Wenn Kinder erst mal lernen, Unordnung überhaupt zu sehen, sie wahrzunehmen, fällt es ihnen deutlich leichter, auch in anderen Lebensbereichen ordentlicher und rücksichtsvoller zu sein.

An welcher Baustelle arbeite ich zuerst?

Eine gute Methode, seine Gedanken zu den „Baustellen" zu ordnen, ist, eine Rangliste zu erstellen. Fragen Sie sich, welches Thema das drängendste ist und welche möglicherweise weniger wichtig sind. Geben Sie jedem Problembereich eine Punktzahl von 0 bis 10, wobei 10 für die höchste Belastung und 0 für etwas Lästiges, aber wenig Belastendes steht. Messen Sie das nicht mit Vernunftkriterien, etwa „andere Leute haben ganz andere Sorgen". Hier geht es nur darum herauszufinden, was Sie traurig, wütend und manchmal hilflos macht. Sie können sich in diesem Zusammenhang auch noch mal Ihre Einträge in diesem Buch zur Checkliste „Was belastet mich am meisten?" ansehen.

CHECK: WAS WILL ICH SOFORT ÄNDERN?

Fragen Sie sich: Welche Schwierigkeit steht im Moment im Vordergrund? Was raubt mir zurzeit die meiste Kraft? Was davon kann ich ändern?

- Essen
- Zimmer aufräumen
- Trotzphase
- aufstehen
- Bett
- ....
- ....
- ....
- ....
- ....

Überlegen Sie nun, was Sie persönlich gerne anders hätten. Wo einfache, klare Regeln dazu beitragen, den Familienalltag harmonischer zu gestalten. Dazu ist es unerlässlich, sich darüber im Klaren zu werden, was einem wirklich wichtig ist. Nicht alles, was einen stört, ist in gleichem Maße belastend. Und man kann auch nicht alles ändern. Doch vieles eben doch. Sammeln Sie es auf einem Zettel oder in der Notizfunktion Ihres Smartphones. Jedes Mal, wenn Sie sich ärgern oder sich schimpfen hören, notieren Sie kurz den Anlass dafür.

BEISPIEL FÜR EINEN NOTIZZETTEL

- Im Kinderbad liegt eine dreckige Unterhose von Elena am Boden.
- Aus Carls Kleiderschrank sind fünf T-Shirts „herausgefallen".
- Die Zahnpastatube liegt offen im Bad herum.
- Elena hat nach mir getreten.
- Jemand hat die Verpackungen eines Schokoriegels auf dem Wohnzimmertisch „vergessen".
- Carl hat sich beim Mittagessen den Brokkoli herausgepickt. Die Erbsen und Karotten sind übrig geblieben.
- Der neue Fußball ist seit gestern „weg".
- Als wir heute Morgen aus dem Haus wollten, habe ich Elena angepflaumt: „Du bist immer die Letzte!"
- Eine Sandfußspur führt von der Haustür bis zur Toilette.
- Letzte Nacht schlecht geschlafen – um drei Uhr in Carls Bett umgezogen, weil er zuvor in unser Bett gekommen ist und unruhig geschlafen hat.
- Die Erzieherin von Elena hat beim Abholen gesagt, Elena müsse endlich lernen, ohne den Schnuller auszukommen.

Übrigens: Es sollte nicht zu viele Familienregeln geben. Erstens genügen wenige Regeln, um die heißesten Konfliktherde zu entschärfen, zweitens brauchen alle in der Familie noch genügend „Luft zum Atmen" und drittens wollen Sie ja nicht in Kontrollstress geraten und eine logische Konsequenz nach der anderen überwachen. Für Eltern und Kinder sind Familienregeln nur dann eine Erleichterung, wenn ihre Anzahl und ihre Komplexität überschaubar sind. Dann aber helfen sie bestimmt, den Alltag leichtgängiger zu gestalten.

Familienrat

Die Bereitschaft, mitzumachen und sich an Familienregeln zu halten, ist viel größer, wenn auch die Kinder Regeln festlegen dürfen. Wenn sie das Gefühl haben, ihre Bedürfnisse und Gefühle werden ernst genommen, werden sie Familienregeln bereitwilliger akzeptieren. Das heißt nicht, dass sie eine Regel nicht als einschränkend empfinden, aber sie fühlen sich nicht komplett übergangen.

Indem man Kinder mit in die Überlegungen einbezieht, ändert sich der Blickwinkel: Die Kinder sehen sich nicht als das Problem, sondern vielmehr als Teil der Lösung. Und an der arbeiten alle mit. Die jüngeren Kinder sehen, wie ihre älteren Geschwister Wünsche und Vorschläge einbringen. Im Rahmen des Familienrats kann verhandelt werden, und mit dem Sechsjährigen haben die Eltern unter Umständen schon einen harten Verhandler gegenübersitzen, der weiß, was er will, jedoch auch bereit ist, dafür etwas zu geben. Wichtig ist, dass eine gefundene Familienregel nachher im Alltag nicht mehr dauernd neu verhandelt wird. Verhandelt wird im Familienrat. Für die Kinder ist das eine sehr wichtige Erfahrung, nämlich dass sie das Verhalten ihrer Eltern in gewissen Maße beeinflussen können. Psychologen sprechen in diesem Zusammenhang von Selbstwirksamkeit – das Gefühl, dass man einen Erfolg selbst errungen hat.

Sich Nachdenkzeit verschaffen

Übrigens bietet der Familienrat Eltern zudem eine gute Möglichkeit, sich von den vielen Wünschen und Ideen der Kinder nicht überrumpeln zu lassen. Fragt ein Kind zwischen Tür und Angel, ob es nach seinem sechsten Geburtstag länger wach bleiben darf als mit fünf Jahren, kann man sagen: „Lass mich darüber nachdenken. Heute Mittag ist Papa auch da, und dann können wir das im Familienrat besprechen.“ Dieses Beispiel macht ein weiteres Merkmal erfolgreicher Familienregeln deutlich: Für unterschiedlich alte Kinder in einer Familie variieren sie. Manche sind für alle gleich, andere sind an das Alter angepasst.

FÜR ALLE EINE GUTE LÖSUNG

Vor dem Schlafengehen gibt es immer wieder Krach, weil im Wohnzimmer Spiel- und Bastelsachen verteilt sind und Lotta und Lisa auch nach mehrmaliger Aufforderung nicht aufräumen. Meist endet das so, dass die Mutter entnervt die Sachen einsammelt und in eine Kiste im Kinderzimmer wirft. Die Eltern wünschen sich, dass ihr Wohnzimmer abends eine spielzeug- und basteleifreie Zone ist. Die Kinder wollen sich aber tagsüber gerne in der Nähe der Mutter aufhalten.

„Außerdem: Wo sollen wir das denn hinräumen? Dann muss ich ja alles wieder kaputt machen", klagt die fünfjährige Lotta.

Ihre Zwillingsschwester Lisa stimmt ihr zu. „In unserem Zimmer ist kein Platz."

„Dann müssen wir einen dafür finden", meint die Mutter. „Wie wäre es auf dem Bücherregal? Da könnt ihr die fertig gebauten und gebastelten Sachen aufbauen."

Lotta fragt entrüstet: „Und die nicht fertigen? Sollen wir die dann doch kaputt machen?"

„Wie wäre es, wenn wir dafür einen anderen Platz in eurem Zimmer finden?", bietet der Vater an.

Die Mutter schaut ihn entrüstet an. „Na, dann herrscht da oben bald das totale Chaos."

„Doch, bitte Mama. Das geht doch gut in der Ecke vor der Heizung", meint Lotta.

Die Mutter überlegt. „Also, gut. Wir können es so machen. Freitags putze ich ja immer oben durch. Was ihr bis Donnerstagabend nicht aufs Regal gestellt habt und noch in der Ecke liegt, packe ich in eine große Kiste."

„So viel Platz ist auf dem Regal nicht", wendet Lisa ein.

„Genau, und deswegen muss für jede Sache, die auf dem Regal dazukommt, eine andere abgebaut oder in die Sammelkiste mit den Bildern und Basteleien geräumt werden", sagt der Vater.

„Oder auch mal entsorgt werden. Alle einverstanden?", fragt die Mutter.

Zustimmendes Nicken. Die Mutter wiederholt die Regel noch mal.

Jeder geht einen Schritt auf den anderen zu

Bei einem solchen Familienrat haben alle das Gefühl, an der Entscheidung mitgewirkt zu haben. Alle sind einen Schritt aufeinander zugegangen. Den Kindern wurde die Regel mit ihren Pflichten nicht einfach übergestülpt, sondern die Mutter hat sich zu Kompromissen bereit erklärt, die es den Kindern einfacher machen, zu kooperieren.

Auch hier gilt: Eltern sind Eltern, Kinder sind Kinder. Die Eltern halten das Ruder in der Hand. Sie geben Orientierung, sie kennen das Ziel und sie entscheiden. Trotzdem macht es einen enormen Unterschied für das Familienleben, wenn es einen Familienrat gibt. Er bietet einen regelmäßigen, verlässlichen Rahmen, bei dem alle besprechen können, was sie gerne anders hätten, womit sie unzufrieden sind, wohin sie gerne mal eine Ausflug hin machen würden, welche Familienregel unbedingt geändert werden muss usw.

Der Familienrat kann mit einer regelmäßigen gemeinsamen Mahlzeit verbunden werden oder man legt einen Termin fest, bei dem sich alle zusammensetzen. Oder er findet nach Bedarf statt, und man vereinbart, dass Eltern und Kinder, wann immer sie für ein wiederkehrendes Problem eine Lösung brauchen, darum bitten, dass man sich zusammen an den Tisch setzt.

Mit Vorschulkindern sollte der Familienrat nicht zu lange und zu umständlich gehalten werden, sonst empfinden sie ihn eher als Belastung denn als Chance. Im Allgemeinen werden sie stolz sein, um ihre Meinung gefragt zu werden, genießen den Respekt und werden auch bereit sein, Zugeständnisse zu machen und Familienregeln zu respektieren.

! UNVERHANDELBARE FAMILIENREGELN

Es gibt Regeln, die sind unverrückbar. Da gibt es keinen Spielraum. Dann wiederum gibt es andere, die gelegentlich flexibler gehandhabt werden können. Diese flexiblere Handhabung wird meist von den Kindern im Haus beantragt, aber es gibt durchaus Situationen, in denen auch die Eltern diese Freiheit brauchen. Mit einer guten Begründung machen sie sich deswegen nicht unglaubwürdig.

Beispiele für unverhandelbare Familienregeln:

- Wenn wir über die Straße gehen, hält Mia sich am Kinderwagen fest.
- Im Strandbad: Hannah und Ben dürfen nur mit Schwimmflügeln ins Wasser gehen. Sie müssen Mama Bescheid sagen, bevor sie ins Wasser gehen.
- Im Auto schnallen sich alle an.
- Vor dem Essen werden die Hände gewaschen.

Beispiele für verhandelbare Familienregeln:

- Unter der Woche gibt es keinen Übernachtungsbesuch – die Freundin bekommt ein Baby und lässt die fünfjährige Leni in Ihrer Obhut.
- Um 7 Uhr ist Schlafenszeit – Simons Tante ist seit Langem mal wieder zu Besuch und bleibt nur zwei Tage.
- Kein Essen in Fast-Food-Ketten – eine Freundin von Tom hat zum Kindergeburtstag bei McDonalds eingeladen.
- Keinen Gameboy, wenn man irgendwo warten muss – diese Woche hat die Mutter drei Arzttermine und muss das Kind immer mitnehmen.

Die Familienregeln im Blick

Es hat sich als gute Unterstützung im Alltag erwiesen, wenn die Familienregeln für jeden gut sichtbar aufgehängt werden, zum Beispiel in der Küche oder im Flur. Das muss natürlich auch für die Noch-nicht-Leser im Haushalt verständlich sein. Dazu können Kinder und Eltern gemeinsam mit bunten Zeichnungen oder ausgeschnittenen Bildern aus Zeitschriften ein Plakat gestalten. Wenn es schon Schulkinder im Haus gibt, kann man ihnen die Aufgabe übertragen, das gemeinsam mit den kleinen Geschwistern zu machen.

Die Anzahl an Familienregeln muss übersichtlich bleiben, sonst überreglementieren sie und machen mehr Stress als Freude. Denn nur wenn es den Eltern gelingt, auf die Einhaltung der Familienregeln zu achten, bringen sie etwas. Dann aber kann man regelrecht täglich spüren, wie sehr es sich gelohnt hat.

So viele Erziehungsziele

Eltern in Deutschland haben laut Umfragen sehr viele Erziehungsziele auf einmal. Das bedeutet, dass Kinder in unserer Gesellschaft sehr viel auf einmal lernen sollen. So halten einer Umfrage des Instituts für Demoskopie Allensbach aus dem Jahr 2015 zufolge fast 90 % aller deutschen Eltern Höflichkeit und gutes Benehmen für besonders wichtig. Selbstbewusstsein zu haben und eine vielseitige Bildung zu genießen sind ebenfalls sehr bedeutsam. Hilfsbereitschaft und Aufrichtigkeit, diese Tugenden halten die meisten für etwa gleich wichtig wie Durchhaltevermögen und Verantwortungsbewusstsein. Außerdem werden genannt: Pünktlichkeit, sparsam mit Geld umgehen, Toleranz und sich für etwas einsetzen. Umweltbewusstsein und gesunde Lebensweise empfindet etwa die Hälfte der deutschen Eltern als besonders erstrebenswert. Immerhin mehr als 40 % nannten bei der Umfrage technisches Verständnis, Freude an Büchern und die Fähigkeit, das Leben zu genießen, seien wichtig für das Leben. Dass Kinder sich für Politik oder Religion interessieren, wird niedrig eingestuft.

Und bei Ihnen? Was ist Ihnen wichtig? Was sollen Ihre Kinder von Ihnen lernen? Oder von den Erzieherinnen? Im Umgang mit den Kindern im Kindergarten, mit anderen Menschen? In der Freizeit, die Sie mit Ihren Kindern verbringen? In der Routine des Alltags?

Statistiken wie die oben zitierte sind immer sehr abstrakt. Dennoch zeigen die Ergebnisse, dass Eltern „ganz viel" mit Erziehung erreichen wollen. Sie stellen sehr hohe Ansprüche an sich selbst – und an ihre Kinder. Die Frage bleibt: Was bedeutet mir besonders viel? Wie kann ich das im Alltag umsetzen? Wie sieht es praktisch aus, wenn mein Kind sich gut benehmen soll? Woran zeigt sich, ob das Kind hilfsbereit ist? Welche Arbeit soll ein Kindergartenkind ordentlich erledigen? Wobei soll es sich konzentrieren? Wo darf und soll es kreative Lösungen finden? Wie finden Erziehungsziele, die ja letztendlich auf für bedeutsam erachteten Werten basieren, ihren Niederschlag?

Worüber gibt es Streit?

In der folgenden Liste sind Beispiele aufgeführt. Es sind alltägliche Dinge, die ganz schön nerven können. Während die eine Mutter sich vielleicht daran stört, lebt die andere gut damit. Diese Checkliste wird bei jedem anders ausfallen, und bestimmt fallen Ihnen noch andere Punkte ein, die Sie viel anstrengender finden. Streichen und ergänzen Sie!

CHECK: WAS WILL ICH NICHT?

- Es fallen Schimpfwörter.
- Abends gibt es ständig Theater bis spät in die Nacht.
- Es gibt dauernd Streit zwischen den Geschwistern.
- Keiner hilft mit.
- Überall liegt was rum.
- Ich werde getreten und angeschrien.
- Zähneputzen findet nur nach zigmaliger Aufforderung statt.
- Die Toilette wird nicht gespült.
- Jeden Tag muss ich zum Händewaschen vor dem Essen auffordern.
- Jacken und Pullis gehen oft verloren.
- Im Haus wird gekickt.
- Die Kinder sprechen mit vollem Mund.
- Dauernd stehen die Türen offen.
- Wenn Türen zugemacht werden, dann nicht mir der Klinke, sondern zugezogen oder zugeknallt.
- Man kann keinen Satz zu Ende sprechen, ohne dass jemand dazwischenquatscht.
- Beißen, Hauen, Schlagen, Zwicken sind an der Tagesordnung
- Wenn mir die Unordnung auf die Nerven geht, maule ich rum, so wie meine Mutter.
- Oft bin ich so müde und muss noch so viel erledigen, dass ich rumschimpfe. Dabei bin ich manchmal ungerecht und entschuldige mich aber nicht dafür.
- …

Hier ist also nun versammelt, was Ihnen zurzeit auf die Nerven geht. Dank Ihrer persönlichen Notizen im obigen Check ist klar, was davon Sie unbedingt gerne anders hätten, damit Sie sich zu Hause wohlfühlen, damit Sie sich respektiert wissen und Ihre Arbeit gewürdigt wird. Was nichts anderes bedeutet, als dass es damit weniger Konflikte zwischen Ihnen und Ihrem Kind gibt.

Welche konkreten Familienregeln passen zu unseren Problemen?

Wir wissen jetzt also, was wir nicht wollen. Unsere Konfliktherde im Blick, können wir nun klare und einfache Familienregeln formulieren. Aus dem „nicht dies" und „nicht das" machen wir „so" und „so". Wir müssen schlichtweg andersherum denken und positiv formulieren. Dazu werden wir die eine oder andere unbequeme Entscheidung treffen, doch wir wissen, warum.

Bleiben wir noch einmal bei den oben genannten Beispielen und formulieren dementsprechende Familienregeln. Von den folgenden Punkten trifft vielleicht auch das eine oder andere auf Ihre Konflikte zu.

CHECK: WAS WILL ICH?

- Niemand sagt Schimpfwörter.
- Abendruhe ist ab x Uhr.
- Bevor man mit etwas Neuem zu spielen beginnt, erst das andere wegräumen.
- Jeder hat seine Aufgaben zur Mithilfe im Haushalt.
- Teilen oder selbst eine Lösung finden.
- Zähneputzen wird ohne Protest erledigt.
- Nach dem Toilettengang spülen.
- Vor dem Essen Hände waschen.
- Jacken und Pullis wieder mit nach Hause bringen.
- Erst kauen und schlucken, dann sprechen.
- Nur draußen Fußball spielen.
- Türen wieder schließen, die man geöffnet hat.
- Türen leise zumachen.
- Warten und die anderen ausreden lassen.
- Niemandem wehtun. Nicht schlagen, beißen oder sonst wie wehtun.

- Wenn jemand ungerecht war, kann er sich entschuldigen.
- Wenn jemand sich entschuldigt, wird er mit offenen Armen empfangen.
- Sich beim anderen bedanken, wenn er einen unterstützt hat.
- ...

Welche Werte stecken hinter den Regeln?

Sehen Sie sich noch mal die Liste der Familienregeln an, wie sie sich für Sie ganz persönlich bei Ihren Überlegungen ergeben hat. Auf den ersten Blick wirkt sie unspektakulär, obwohl sie im Alltag sicher von Nutzen ist. Doch eigentlich haben die Regeln eine viel größere Bedeutung. Sie spiegeln nämlich jene Werte wider, die in Ihrer Vorstellung von Erziehung eine große Rolle spielen. Diesen auf den Grund zu gehen ist Ziel dieses Kapitels. Fast allen Wünschen ist gemeinsam, dass sie von Rücksichtnahme auf andere Familienmitglieder, Verwandte oder Spielkameraden zeugen. Werden sie so umgesetzt und gelebt, sind sie ein Zeichen dafür, dass jeder die Bedürfnisse des anderen respektiert.

Hier also noch einmal die Liste, ergänzt durch die Werte und die Charakterstärken, die mit den Familienregeln beim Kind entwickelt und gestärkt werden sollen.

HÄUFIGE KONFLIKTE UND DIE WERTE, DIE DAHINTERSTEHEN

- Niemand sagt Schimpfwörter = Höflichkeit
- Abendruhe ist ab x Uhr = Rücksichtnahme
- Bevor man mit etwas Neuem zu spielen beginnt, erst das andere wegräumen = Ordentlichkeit, Zuverlässigkeit, Gewissenhaftigkeit

- Jeder hat seine Aufgaben zur Mithilfe im Haushalt = Zusammenarbeit, Hilfsbereitschaft, Gerechtigkeit
- Teilen oder selbst eine Lösung finden = Mäßigung, Fairness, Großzügigkeit, Gerechtigkeit, Selbstständigkeit
- Zähneputzen ohne Protest = Verantwortung für sich übernehmen
- Nach dem Toilettengang spülen = Rücksichtnahme
- Vor dem Essen Hände waschen = Sauberkeit
- Jacken und Pullis wieder mit nach Hause bringen = Verantwortungsgefühl, Zuverlässigkeit, Ordentlichkeit
- Erst kauen und schlucken, dann sprechen = Höflichkeit
- Nur draußen Fußball spielen = Vertrauen, Rücksichtnahme
- Türen wieder schließen, die man geöffnet hat = Selbstständigkeit, Zusammenarbeit
- Türen leise zumachen = Rücksichtnahme, Ordentlichkeit
- Warten und die anderen ausreden lassen = Geduld, Rücksichtnahme, Fairness
- Niemandem wehtun. Nicht schlagen, beißen, oder sonst wie wehtun = Mitgefühl, Freundlichkeit, Friedfertigkeit, Toleranz
- Wenn jemand ungerecht war, kann er sich entschuldigen = Integrität, Fairness, , Selbstständigkeit, Aufrichtigkeit, Verantwortungsbewusstsein
- Wenn jemand sich entschuldigt, wird er mit offenen Armen empfangen = Großzügigkeit, Freundlichkeit
- Sich beim anderen bedanken, wenn er einen unterstützt hat = Dankbarkeit
- ...

Den Charakter stärken

Wollen wir unsere Kinder erziehen, um weniger Konflikte zu haben? Ja, schon. Doch schon in der Krabbelgruppe zeigt sich, dass wir auch erziehen, weil wir möchten, dass unser Kind unter anderen Menschen seinen Platz findet. Es soll sich glücklich und angenommen fühlen, selbstständig sein und ein gutes Selbstwertgefühl besitzen, optimistisch nach vorne blicken, sich einbringen und zurücknehmen können. Kurz gesagt: Die Kinder sollen gebildet werden. Erstaunlicherweise hat sich der Begriff Bildung auf ein Synonym für Wissen verengt. „Herr Maier ist gebildet" bedeutet, er kennt sich in Geschichte, Physik, Politik und vielen anderen Wissensgebieten gut aus und hat das Zeug, bei „Wer wird Millionär?" ordentlich abzuschneiden. Diese Art von Bildung ist zweifelsohne nützlich und anstrebenswert, macht Herrn Maier aber per se noch nicht zu einem besseren Menschen. Vielleicht prahlt er gerne mit seinem „Wissen", macht sich über „dumme" Leute lustig, schikaniert auf respektlose Weise seine Kollegin und wirft die Hamburger-Tüte aus dem fahrenden Auto.

WERTE, TUGENDEN UND CHARAKTERSTÄRKEN

Tugenden und Charakterstärken stecken in jedem Menschen. Mit diesem Potenzial werden wir alle geboren. Allerdings müssen diese Anlagen geweckt und entwickelt werden. Das passiert nicht automatisch und von alleine. Tugenden sind universell, das heißt, sie sind ein verbindendes Element über Kulturen und Gesellschaftsschichten hinweg.

Das ist bei Werten anders: In verschiedenen Gesellschaften, ja in verschiedenen Gruppen, gelten unterschiedliche Werte. Werte sind Maßstäbe in einer Gesellschaft oder in einer Gruppe, die sich um das soziale Handeln drehen. Wie verhält „man" sich in der Kindergartengruppe? Was tut „man" in der Familie? Wie geht „man" auf dem Spielplatz mit den anderen Kindern um?

Was unter Sandkastenfreunden auf dem Spielplatz gut ankommt, kann bei der Erzieherin auf wenig Gegenliebe stoßen und beim großen Bruder wiederum für Anerkennung sorgen. Was bei Mama für Ärger sorgt, findet Oma gar nicht schlimm.

Kinder lernen über Werte, wie sie sich in der Gesellschaft verhalten sollen. In der Pädagogik spricht man vom sozialen Handeln, das erlernt werden muss. Dabei lernen Kinder auch, sich in unterschiedlicher Umgebung anders zu verhalten.

Familienregeln einführen

Familienregeln kombiniert mit logischen Folgen bieten Verlässlichkeit für Eltern und Kinder – sie trauen dem Kind viel zu: Selbstständigkeit, Verantwortungsgefühl und Verständnis. Doch auch wenn alle die Familienregeln kennen – es liegt in der Natur unserer Kinder, Grenzen verschieben zu wollen.

Trotzdem: Sie wissen jetzt, was Sie mit einer bestimmten Familienregel erreichen wollen, wie sie lauten soll und warum sie Ihnen wichtig ist. Dann folgt jetzt der praktische Teil: Sie sagen allen Familienmitgliedern, was ab sofort in diesem Haus gilt und dass es keine Ausnahmen davon gibt. Machen Sie ganz klar, dass Sie bei dieser Familienregel die „Nulltoleranzschiene" fahren. Keine „Warum"-Diskussionen, keine „Gleich"-Verzögerungstaktiken, keine „Ach, bitte"-Konzessionen. Und kündigen Sie an, was passiert, wenn die Familienregel übergangen wird, nämlich logische Folgen. Dazu gleich mehr.

Sich gegen Widerstände wappnen

Je mehr Kinder gewohnt sind, dass ihre Mutter viel ankündigt, aber dann doch weich wird, desto entscheidender ist es, bei der „Nulltoleranzschiene" zu bleiben. Das bedeutet, dass die Mutter aufmerksamer sein muss. Sie greift ein, wenn sie merkt, dass die Sache aus dem Ruder läuft und die Familienregeln keine Beachtung finden.

Grundsätzlich gilt: Wenn Eltern ihr Verhalten ändern und konsequenter handeln, zeigt sich, dass Kinder Gewohnheitstiere sind. Menschen sind Gewohnheitstiere und Kinder erst recht. Je nach Charakter reagiert ein Kind verwundert, das andere misstrauisch, noch ein anderes aufsässig und das vierte sitzt das erst mal aus – bisher hat die Methode doch auch immer funktioniert. Eltern können demnach nicht damit rechnen, dass sich sofortiger Erfolg einstellt. Da gilt es dranzubleiben. Wappnen Sie sich also gegen passiven oder aktiven Widerstand – und gegen Zweifel, die dann an Ihnen nagen. Machen Sie sich deutlich: Wenn ich jetzt nicht fest und klar bleibe, war alles umsonst, und ich kann morgen wieder neu damit anfangen. In der Tat ist auch das möglich, noch mal anzufangen, aber wenn man von Anfang an die innere Haltung ausstrahlt, dass man weiß, warum man etwas einfordert, wird es nicht nötig sein. Es wird klappen.

Besser frühzeitig und ruhig eingreifen

Wenn Eltern sich entschließen, die Atmosphäre in der Familie mit eigenen Regeln zu verändern, sollten sie in den ersten Wochen nicht abwarten, bis eine Situation eskaliert, sondern frühzeitig eingreifen beziehungsweise freundlich und bestimmt auf die Familienregel hinweisen. Zu einem frühen Zeitpunkt zu reagieren, hat viele Vorteile: Zum einen ist die Mutter da noch entspannt und kann ruhig und klar sprechen, ohne zu schimpfen oder zu meckern. Zum anderen gibt es dem Kind die Möglichkeit – da es noch nicht im „Stammhirn“-Modus ist –, sein Verhalten mit dem Verstand zu steuern.

Das erfordert von den Eltern erhöhte Aufmerksamkeit. Nicht lange abwarten, sondern gleich reagieren. Kurz und klar, freundlich und fest. Sachlich, ohne große Emotionen. Wenn das Kind auf dem Weg ins Kinderzimmer etwa an der Playmobilburg „hängen bleibt“, reicht eine Erinnerung: „Erst mal Schlafanzug anziehen!“

Das klingt nach Arbeit, finden Sie? Stimmt, aber es ist lang nicht so anstrengend wie streiten, schreien, angeschrien werden und weinen. Und es ist auch nur für eine Weile erforderlich. Nach einiger Zeit des „Dranbleibens“ schleift sich die Familienregel ein, und man muss immer seltener an sie erinnern. Sie funktioniert einfach nach einer Weile. Das dauert im Allgemeinen drei bis vier Wochen. In dieser Zeit testen Kinder aus, ob ihre Mama stark bleibt oder unsicher ist und nachgibt. Darum ist es so wichtig, die Rolle der führenden und begleitenden Mutter auszufüllen. Das Ruder bleibt in Ihrer Hand und Sie steuern das Familienboot.

Ersatzangebote sind legitim

Bei jüngeren Kindern ist es sinnvoll und überaus legitim, passende Ersatzangebote zu machen, zum Beispiel das Abiturzeugnis des älteren Sohnes gegen einen Bogen Malpapier auszutauschen. Auch Ablenkungen helfen kleinen Kindern, Versuchungen zu widerstehen, etwa wenn Sie Ihr Kind an der Supermarktkasse um Hilfe beim Auflegen aufs Kassenband bitten. Erfahrene Mütter haben nicht umsonst völlig ausgebeulte Handtaschen, aus denen sie für Wartezeiten im Bürgeramt, im Restaurant oder im Wartezimmer des Arztes Malsachen, Plastikponys und kleine Autos zaubern.

Warum logische Folgen besser sind

Was sind logische Folgen? Das sind Konsequenzen, die zu dem passen, was nicht gut gelaufen ist. Logische Folgen sind weder zusammenhanglose Strafen noch überdimensionierte Wutprodukte. Vielmehr übertragen Sie dem Kind Verantwortung und lassen es Erfahrungen machen. Es merkt: Was ich tue oder lasse, hat Folgen.

Kinder lernen daran Selbstkontrolle. Natürlich ist der Reiz des Verbotenen oder der Bequemlichkeit manchmal so groß, dass er siegt. Und das ist ganz wichtig für die Persönlichkeitsentwicklung. Kinder müssen das ausprobieren, sich an Grenzen und Regeln reiben und aus den Folgen, die sich aus dem Verhalten ergeben, lernen. So hat das Kind die Wahl: Es kann sich so oder so verhalten, aber es wird die Verantwortung dafür tragen müssen.

Das Besondere an logischen Folgen – im Gegensatz zu gängigen Strafen wie „Du bleibst heute zu Hause, nein, die ganze Woche“, „Morgen gibt’s kein Fernsehen“ oder „Nachher kein Spielplatz, und zu Tom gehst du morgen auch nicht“ – ist, dass zum einen solche Konsequenzen wirklich durchsetzbar und alltagstauglich sind und dass zum anderen das Kind selbst einzuschätzen lernt, was auf es zukommt.

Logische Folgen haben im Gegensatz zu aus der Luft gegriffenen Strafen das Potenzial, dass Kinder tatsächlich darüber nachdenken, was nicht gut gelaufen ist. Denn die logische Folge hat direkt damit zu tun. Dem Kind wird mehr Eigenständigkeit zugetraut. Es wird ihm überhaupt mehr zugetraut, denn es hat die Möglichkeit, eine „Wiedergutmachung“ zu leisten, so wie die Kinder im Beispiel mit der Körperlotion diese selbst wieder wegwischen sollten. Gleichzeitig eröffnet es dem Kind die Möglichkeit, beim nächsten Mal anders zu handeln. Es erhält einen neuen Vertrauensvorschuss. Das macht Mut.

Für die Kinder berechenbar sein

Der Vorteil logischer Folgen ist, dass sie sich für die Kinder nicht willkürlich anfühlen, ihre Eltern erscheinen ihnen nicht als unberechenbare Machtmenschen. Mit Familienregeln, deren Einhaltung eindeutig und wiederholt eingefordert wird, wird die Mutter seltener zwischen zusammengepressten Zähnen hervordrücken: „Wenn du noch einmal …“ Sie wird sich seltener den missbilligenden bis falsch mitleidigen Blicken anderer Mütter aussetzen, weil sie ihre Kinder wie eine Herde bockiger Schafe vor sich herscheucht, viel zu spät dran ist und dabei abwechselnd „Du bringst mich noch ins Grab!“ und „Du wirst schon sehen, was du davon hast!“ zischt. Auch endlose Diskussionen, bei denen sie sich regelmäßig in Rumpelstilzchen oder in eine vom Stammhirn gesteuerte Neandertalerin verwandelt und unkontrolliert „Jetzt ist endgültig Schluss! Es reicht!“ kreischt, kommen nicht mehr so oft vor.

Beispiele für logische Folgen

Häufig drehen sich Konflikte um das Thema Aufräumen: Im Kinderzimmer haben die Geschwister Verkleiden gespielt, und nun liegt alles auf dem Boden verstreut. Vor einem der Betten ist die Lego-Kiste umgefallen, und die Steine haben sich auf den Boden ergossen. Auf der Treppe begegnet die Mutter den Kindern, die jetzt malen wollen. Sie erinnert die beiden daran, dass sie besser erst die verstreuten Spielsachen im Zimmer aufräumen sollten.

Nach einer halben Stunde findet die Mutter ihre Kinder am Sofatisch vor, wo sie malen. Im Kinderzimmer herrscht immer noch Chaos. Die Familienregel dazu ist allen bekannt: Bevor man etwas Neues zu spielen oder zu malen anfängt, räumt man das andere auf.

Auch logische Folgen sind unangenehm, aber nicht ungerecht

Eigentlich war geplant, dass alle nach dem Abendessen noch eine Runde „Obstgarten“ spielen, bevor das Zubettgehprogramm beginnt. Logische Folge: Das Spielen muss heute ausfallen, weil die Zeit für gemeinsames Aufräumen draufgeht.

Regeln dafür, wie man sich im Straßenverkehr zu verhalten hat, gehören zu den unverhandelbaren Familienregeln. Leon weiß, dass er mit seinem Laufrad vor dem Zebrastreifen anhalten und warten muss. Er fährt ein Stück vor und rollt mit dem Vorderrad über die Bordsteinkante und zurück, noch weiter vor und wieder zurück. Der Autofahrer, der sich nähert, ist glücklicherweise aufmerksam und hält an. Die Familienregel ist klar, die Mutter weist Leon noch einmal darauf hin und erinnert ihn an die logische Konsequenz: „Morgen bleibt das Laufrad zu Hause, und wir laufen zum Kindergarten. Übermorgen probierst du es noch mal, ob du mit dem Laufrad vor dem Zebrastreifen auf dem Bürgersteig warten kannst."

Manchmal betreffen Familienregeln auch die Rücksichtnahme auf andere, zum Beispiel die Hausgemeinschaft. Der fünfjährige Junge geht hinaus zum Fußballspielen. Im Hof ist das Kicken wegen der vielen Fenster ringsherum nicht erlaubt, das weiß er. Dafür gibt es den Bolzplatz um die Ecke. Während er noch im Hof auf zwei Freunde wartet, schießt er den Ball gelangweilt gegen die Hauswand. Die Mutter hört das und öffnet das Fenster: „Du kennst doch die Regel!" Der Sohn nimmt den Ball unter den Arm, doch wenige Minuten später hört die Mutter wieder das Geräusch. Als sie diesmal aus dem Fenster schaut, spielt ihr Sohn mit einem seiner Freunde im Hof Fußball. Sie geht in den Hof und nimmt den Fußball an sich. Sie fordert die Jungen auf, etwas anderes zu spielen.

Konsequent sein

Auch wenn es Familienregeln gibt – jeder Mutter ist klar, dass sie ihre Kinder immer wieder daran erinnern muss, was sie machen und was sie nicht machen sollen. Und vermutlich beschreibt das am ehesten, was Erziehen bedeutet. Interessanterweise verbinden viele aber nicht jene Momente mit Erziehen, in denen man mit dem Kind ruhig, klar und freundlich spricht, sondern die, in denen es zu Streit und Krisen kommt. Bei Konflikt und Streit denken die meisten wiederum an Konsequenz und Inkonsequenz. Und inkonsequent zu sein erscheint vielen Eltern als das Armutszeugnis schlechthin, ein Zeichen kompletten Scheiterns.

Regeln und Grenzen bieten Orientierung

Häufig inkonsequent zu sein ist in der Tat von großem Nachteil. Eine Mutter, die heute hü und morgen hott sagt, ist nicht verlässlich. Das Kind weiß nicht, was von ihm erwartet wird, was erlaubt ist und was nicht, wann die Mutter auf etwas besteht und wann es ihr egal ist. Kinder brauchen Orientierung, und deswegen brauchen sie Regeln. Und selbstverständlich – das wurde ja in den vorigen Kapiteln genügend ausgeführt – sind Regeln und Grenzen dazu da, eingehalten zu werden. Und dennoch sollten die Eltern sich und den Kindern zugestehen, dass die verhandelbaren Regeln in außergewöhnlichen Situationen oder zu besonderen Gelegenheiten außer Kraft gesetzt werden. Hier spielt wieder der liebevolle Blick auf das Kind eine große Rolle. Kinder sind nämlich durchaus in der Lage, Ausnahmen als Ausnahmen wahrzunehmen, ohne die Regel an sich infrage zu stellen.

! KONSEQUENT ODER RIGIDE?

Was heißt das genau: Konsequenz? Konsequenz ist ein viel und häufig zitiertes Erziehungsmittel, in vielen Erziehungsratgebern sogar als eine der wichtigsten erzieherischen Maßnahmen gefeiert. Aber: Hilfreich wirken kann sie nur, wenn sie auf die konkrete Situation, auf den Entwicklungsstand des Kindes und auf die eigene Familie zugeschnitten ist. Und sie ist kein Allheilmittel.

Wenn konsequent zu sein verwechselt wird mit einem rigiden Verhalten, dass ganz außer Acht lässt, in welcher Verfassung das Kind ist, tut das niemandem gut. Kinder durchleben an manchen Tagen außergewöhnliche Ereignisse, die Stress mit sich bringen – das kann auch ein freudiges Ereignis wie ein Geburtstagsfest sein –, oder sie müssen besonders viele Wartezeiten aushalten oder mit heftigen Auseinandersetzungen im Kindergarten fertig werden. Dann sind sie meistens weinerlicher als sonst, weniger selbstständig, besonders müde – es reicht einfach. Das sind Momente, in denen kein rigides „Durchziehen von Regeln" gefragt ist, sondern Einfühlungsvermögen, Verständnis, praktische Unterstützung und weit geöffnete Arme. Und deswegen ist man noch längst nicht inkonsequent.

Widerstand aushalten

Auch Eltern müssen üben. Wenn Sie etwa an einer Verhaltensweise etwas ändern möchten, erfordert das Kraft, Mut und Durchhaltevermögen. Das Kind wird versuchen, Sie dahin zu bringen, dass Sie auf die bisher bekannte Weise reagieren. Wenn Sie das nicht tun, gibt es Widerstand. Den müssen Sie aushalten! Also: Stellen Sie sich geistig darauf ein, dass es krachen wird. Da Sie sich aber jetzt darüber im Klaren sind, warum Sie die Einhaltung einer Regel für wichtig halten, wird es Ihnen leichter fallen, den Kurs beizubehalten. Und wenn man hin und wieder scheitert – gut sein genügt.

DIE „WARUM"-FALLE

Kleine Kinder sind Meister darin, Erwachsene mit Warum-Fragen zu löchern. Hier ist nicht das wissbegierige „Warum?" gemeint, sondern das, mit dem man so gut Zeit schinden kann.

Lassen Sie sich nicht immer wieder aufs Neue in eine Diskussion ein, warum eine einmal beschlossene Familienregel gelten sollte. Fallen Sie nicht auf diesen Trick Ihrer klugen Kinder rein. Kürzen Sie solche Situationen ab: „Da gibt es nichts zu diskutieren. Du kennst die Regeln" oder „Nein, es bleibt dabei", oder „Zähneputzen. Jetzt!" Ruhig und freundlich, aber fest.

Kleine Veränderungen bewirken viel

Nehmen Sie sich nicht zu viel vor, und muten Sie sich auch gegenseitig nicht zu viel zu. Selbst wenn sich alle in der Familie auf einige Regeln geeinigt haben, Kompromisse gemacht haben und bereit sind, mitzumachen, folgt danach der schwierigere Teil. Die Regeln müssen befolgt werden, und wenn das nicht klappt, muss jemand – und zwar Sie – dafür sorgen, dass das Folgen hat. Wenn jemand in der Familie eine Grenze überschritten hat, muss jemand darauf reagieren. Sonst ist die Grenze zu nichts nütze. Und Kinder merken sich, wenn eine logische Folge nur angekündigt, aber nicht durchgezogen wird. Deswegen ist es so wichtig, sich zu darüber klar zu werden: Welche Konsequenz versteht mein Kind, weil sie logisch ist? Wann möchte ich konsequent sein? Unter welchen Umständen ist es auch mal erlaubt, eine Ausnahme zu machen?

Ausnahmen

Kennen Sie die Redewendung „Ausnahmen bestätigen die Regel"? Eine Ausnahme kann es nur geben, wenn es eine Regel gibt, zu der die Ausnahme im Widerspruch steht. Am besten sollte man die Redewendung der Genauigkeit halber noch ergänzen: „Wenige Ausnahmen bestätigen die Regel, viele Ausnahmen zerstören die Regel." Denn nur wenn Regeln wirklich selten durch einen „Sonderfall" außer Kraft gesetzt werden, behalten sie ihre Gültigkeit. Und auch nur dann machen Ausnahmen Spaß. Das gilt auch für Familienregeln.

SCHLÜRFEN UND SCHMATZEN

In der Familie Moser ist das Abendessen ein Fixpunkt, bei dem möglichst alle zu Hause sein sollen und viel erzählt und gelacht wird. Es wird dabei sehr auf gute Tischmanieren geachtet. Jedes Kind hat sein eigenes, mit dem Namen graviertes Besteck, jeder hat seine eigene Serviette und selbst die Kleinen lernen schon früh, mit Löffel, Gabel und Messer zu hantieren. Sie wissen, dass man ein Messer nicht in den Mund steckt und nicht mit vollem Mund reden soll. Bei Mosers darf man erst mit dem Essen beginnen, wenn alle am Tisch sitzen, etwas auf dem Teller haben und sich „Guten Appetit" gewünscht haben.

Die Kinder haben sich an diese Familienregeln gewöhnt, haben aber in anderen Familien durchaus ganz andere Tischsitten kennengelernt. So kommt es, dass der sechsjährige Lukas eines Tages fragt, ob er die Nudeln heute mit den Fingern essen darf.

„Boris darf das auch immer!", erzählt er.

„Bei uns gibt es aber heute Kartoffelauflauf. Das kann man wirklich nicht mit den Fingern essen", wendet die Mutter ein.

„Dann essen wir morgen Nudeln mit Fingern?", bohrt Lukas weiter.

„Ich überleg's mir", bekommt er zur Antwort.

Am nächsten Tag steht tatsächlich ein großer Topf Rigatoni mit Tomatensoße auf dem Tisch, Teller und Gläser sind auch gedeckt, aber Besteck und Schöpfkelle sucht man vergebens.

„Also dann, nutzt es aus! Heute ist Ausnahmetag!", fordert die Mutter die verdutzten Kinder auf und häuft sich mit beiden Händen eine ordentliche Portion Nudeln auf den Teller. Bald schon schlürfen alle ziemlich laut die Rigatoni in sich hinein und matschen in ihren Tellern. Lukas versucht mit etwa acht Rigatoni im Mund „Onkel Otto ist krank" zu sagen. Der Vater versucht es auch, die Mutter lacht, nur die sechzehnjährige Tina findet das „voll eklig" und holt erst mal für alle Servietten.

„Moment mal!", werden Sie jetzt beim Lesen überrascht ausrufen. In diesem Buch wird ständig von Familienregeln geredet und Konsequenz gepredigt, und nun soll es wieder Ausnahmen geben? Unbedingt muss es Ausnahmen geben. Es gibt eine Menge Situationen, in denen Ihnen kein Zacken aus der Krone bricht, wenn Sie einen Kompromiss eingehen. Wichtig ist dabei, dass Sie klarmachen, dass es sich um einen Sonderfall, um eine Ausnahme handelt, die auch nicht so schnell wiederholt wird. Und bleiben Sie hart und im besten Sinne unerbittlich, wenn Sie es für ganz wichtig halten, eine bestimmte Familienregel nicht zu brechen.

Gemeinsam genießen

Da stellt sich die Frage: Wer darf überhaupt über den Ausnahmefall entscheiden? Die Antwort ist einfach: Sie als Eltern haben darüber zu entscheiden. Hier sind Sie als Autorität gefragt. Eine Ausnahme zu erlauben ist nicht Sache der Kinder. Aber die Kinder haben meistens die besten Ideen, wie eine Ausnahme richtig Spaß machen kann, zum Beispiel:

- an einem Regentag alle „Michel aus Lönneberga"- und „Pippi Langstrumpf"-Filme nacheinander angucken und dabei ganz viel Chips essen
- ein Schlafanzugtag
- Frühstück im Bett für alle
- alle dürfen so viele Schimpfwörter sagen, wie sie wollen
- Matratzenlager im Wohnzimmer
- in einer lauen Sommernacht lange wach bleiben und unter den Sternen schlafen
- ein neues Computerspiel länger als sonst ausprobieren
- Döner und Pommes holen und picknicken
- mit Freunden im Garten Stockbrot machen und zelten

Klingt alles unspektakulär? Für Kinder ist es das nicht. Solche Ausnahmeaktionen bleiben ihnen sehr lange als etwas Besonderes in Erinnerung, als ein wunderbares gemeinsames Familienerlebnis.

Familienregeln verändern das Familienleben

Wenn man sich über das eigene Wertesystem klarer geworden ist und versucht, in der Familie danach zu leben, verändert das nicht nur die Beziehung den Kindern, sondern auch zum Partner. Durch den Austausch über Erziehungsziele, eigene Kindheitserfahrungen und Vorstellungen ist eine gute Basis gelegt, sich gegenseitig ohne Verletzungen zu kritisieren beziehungsweise Kritik anzunehmen. Das Verständnis füreinander wächst weiter, die Paarbeziehung gewinnt dadurch, und Mutter und Vater fühlen sich im Elternsein verbunden. Der Partner wird gegebenenfalls vom Konterpart zum Unterstützer. In Etappen schaut man gemeinsam zurück und sieht, was man zusammen geschafft hat. Dasselbe gilt für Rückschläge.

Familienregeln gelten nicht für immer

Manches klappt eine Weile gut und dann plötzlich nicht mehr. Was für ein vierjähriges Mädchen passt, kann ein Jahr später überholt sein. Was zur Eingewöhnungszeit im Kindergarten wichtig war, kann danach überflüssig werden. Trotzdem lohnt sich der Einsatz, auch wenn wenig von ewiger Dauer ist. Es trägt viel dazu bei, in einer bestimmten Lebensphase eine gute Lösung für alle zu finden. Es schafft eine Familienatmosphäre mit weniger Konflikten, mehr Frieden, weniger Streit, mehr Miteinanderlachen.

Es heißt also, flexibel zu bleiben: Familienregeln sind nicht für immer und ewig in Stein gemeißelt. Im Gegenteil, wie die Zweige an einem Baum müssen sie wachsen oder auch entfernt werden. Kinder werden älter und entwickeln sich weiter. Ihr Charakter wird konturierter, und mit jedem Lebensjahr werden sie selbstständiger. Sie können immer mehr Verantwortung für ihr Handeln übernehmen. So wie das passiert, ist es auch notwendig, die Familienregeln anzupassen. Ob man dafür einen „Familienrat" einberuft oder zufällig alle Beteiligten zwanglos zusammensitzen und etwas besprechen, kann von Fall zu Fall entschieden werden. Wichtig ist, dass es auch zu neuen oder abgeänderten Familienregeln logische Konsequenzen gibt und dass einige Familienregeln unverhandelbar bleiben.

Der liebevolle, kluge Blick aufs Kind

Es ist eine Illusion, dass man ein Rezept zum glatten Ablauf für die nächsten zehn Jahre findet. Kinder verändern sich durch Entwicklungsschübe und durch Einflüsse von außen, seien es die Erfahrungen im Kindergarten, beim Spielen vor dem Haus, der Verlust der Großmutter oder die Trennung der Eltern. Daran müssen Mütter und Väter sich ständig anpassen. Darum ist es wichtig, sich immer wieder seine Kinder anzuschauen und zu überlegen: Passt das, was wir machen, noch zu diesem Kind? Es ist jetzt selbstständiger und braucht dementsprechend nicht dasselbe von uns, und wir können ihm anderes zutrauen. Es braucht gar nicht so viele Grenzen wie sein übermütiger jüngerer Bruder. Vielmehr braucht es Ermutigung, um mehr Selbstvertrauen zu gewinnen – wir könnten ihm eine kleine Aufgabe im Haus übertragen. Es läuft also wieder darauf hinaus: Erziehen erfordert Anstrengung und Flexibilität – aber es lohnt sich.

SCHLUSSWORT

Nach all den guten Ratschlägen und Tipps – Rückschläge gehören dazu. Und ehrlich gesagt: Wer will schon perfekte Eltern haben?

Ohne den Druck, immer alles richtig machen zu wollen, wird das Leben in der Familie für alle bedeutend leichter. Das Leben mit Kindern macht vor allem eins: Freude! „Die hat gut reden. Die kennt ja meine Kinder nicht", denken Sie jetzt womöglich. Das stimmt natürlich. Trotzdem bin ich sicher, dass jede Mutter und jeder Vater etwas Besonderes, Lustiges, Bewundernswertes und Außergewöhnliches über sein Kind zu erzählen hat. Eine Begebenheit, bei dem einem heute noch die Tränen vor Rührung in die Augen treten, wenn man daran denkt.

Rufen Sie sich immer mal wieder diese Seiten Ihres Kindes in Erinnerung, gerade dann, wenn es Ärger gibt und Sie das Gefühl haben, mit Ihren Erziehungsmaßnahmen in einer Sackgasse zu stecken. Es wird Sie milde stimmen, den Blick weiten und Ihnen helfen, die Situation aus der Sicht des Kindes zu betrachten und zu verstehen.

Kinder lieben niemanden so sehr wie ihre Eltern. Sie geben ihnen einen unglaublichen Vertrauensvorschuss und möchten wiedergeliebt werden. Gerade wenn alles besonders schwer ist und keine Lösung in Sicht ist, sind in den Arm nehmen und Kuscheln das Beste. Körperliche Nähe besänftigt die Gemüter und macht bei Kindern – und Eltern – den Kopf wieder frei. So spüren das Kind und die Mutter oder der Vater: Auch wenn wir zurzeit öfter aneinandergeraten, haben wir uns doch sehr lieb und sind füreinander da. Wir kriegen das alles wieder hin.

Übrigens: Während ich an diesem Buch schrieb, habe ich mir immer vorgestellt, wie andere Mütter mit dem Finger auf mich zeigen und ihrer Sitznachbarin zuraunen: „Schau mal, das ist die mit dem Erziehungsratgeber." Deswegen noch eine Bitte an Sie: Wenn Sie mich irgendwann mal zufällig beobachten, wie ich entgegen aller Ratschläge aus diesem Buch eines meiner Kinder anpflaume, seien Sie nachsichtig mit mir – so wie Sie es auch mit sich selbst sein sollten. Auch Autoren von Erziehungsratgebern sind letztlich nur Mutter oder Vater, die versuchen ihr Bestes zu geben, und das nicht immer schaffen. In diesem Sinne: Bleiben Sie gelassen!

Ich wünsche Ihnen und Ihrer Familie eine gute Zeit miteinander!

Und wenn Sie mir von Ihren eigenen Erfahrungen berichten mögen, freue ich mich über eine E-Mail an kommateufel@gmx.net.

ANHANG

Hilfreiche Internetadressen

www.baby-und-familie.de
Erziehungstipps und Spielideen für kleine Kinder

www.babycenter.de
Entwicklungsschritte im Kindergartenalter

www.eltern.de
Tipps und Informationen rund ums Thema Familie

www.familie.de
Ratschläge zu vielen Themen für Eltern

www.familienhandbuch.de
Nützliche Informationen des Staatsinstituts für Frühpädagogik

www.familienleben.ch
Tipps für Familienausflüge und Erziehungsratschläge

www.jugendhilfeportal.de
Interessante familienpolitische Themen und Modelle

www.kinderfreunde.at
Tipps und Hilfe für Eltern in Österreich

www.kizz.de
Themen rund ums Kind mit dem Blick auf die Kita

www.netmoms.de
Community für Eltern, auch im Austausch mit Experten

www.tugendprojekt.de
Informationen zur Werte- und Tugenderziehung

www.vaterfreuden.de
Ratschläge zu Erziehung und Förderung aus Vätersicht

Bücher zum Weiterlesen

Jesper Juul. Nein aus Liebe. Klare Eltern – starke Kinder. Kösel Verlag, 2008.

Andrea Kube. Liebenswerte Meerestiere. Kartenset für Kindergarten- und Grundschulkinder. Verlag Oliver A. Kube, 2012. www.andrea-kube.de

Remo Largo. Kinderjahre. Die Individualität des Kindes als erzieherische Herausforderung. Piper Verlag, 2000.

Herbert Renz-Polster, Gerald Hüther. Wie Kinder heute wachsen. Beltz Verlag, 2014.

Jan-Uwe Rogge. Das neue Kinder brauchen Grenzen. Rowohlt Verlag, 2008.

Martin Seligman. Flourish – Wie Menschen aufblühen. Kreuz Verlag, 2012.

Martin Seligman. Der Glücks-Faktor. Warum Optimisten länger leben. Bastei Lübbe Verlag, 2005.

Daniel J. Siegel. Mindsight – Die neue Wissenschaft der persönlichen Transformation. Goldmann Verlag, 2012.

Gerlinde Unverzagt, Klaus Hurrelmann. Kinder stark machen für das Leben. Herzenswärme, Freiräume und klare Regeln. Kreuz Verlag, 2014.

Kay Wills Wyma. Selbst ist das Kind. Gerth Verlag, 2014.

Michael Winterhoff. Warum unsere Kinder Tyrannen werden. Goldmann Verlag, 2009.

Bibliografische Information der Deutschen Nationalbibliothek
Die Deutsche Nationalbibliothek verzeichnet diese Publikation in der Deutschen Nationalbibliografie; detaillierte bibliografische Daten sind im Internet über http://dnb.ddb.de abrufbar.

ISBN 978-3-86910-636-6 (Print)
ISBN 978-3-86910-711-0 (PDF)
ISBN 978-3-86910-712-7 (EPUB)

Die Autorin: Ulla Nedebock ist eine erfolgreiche Ratgeberautorin zu Erziehungsfragen und hat über viele Jahre Mutter-Kind-Kurse geleitet. Sie ist überzeugt, dass liebevoll gesetzte Grenzen und Regeln nicht nur nötig sind, sondern die Entwicklung des Kindes positiv beeinflussen. Zusammen mit weiteren Experten entwickelte sie für dieses Buch ein alltagstaugliches Konzept für alle Eltern, die auf der Suche nach praktischen Tipps und einem vernünftigen Umgang mit typischen Konfliktsituationen sind. Ulla Nedebock ist Mutter von drei Töchtern.

2. Auflage

Eine Marke der Schlüterschen Verlagsgesellschaft mbH & Co. KG,
Hans-Böckler-Allee 7, 30173 Hannover
www.schluetersche.de
www.humboldt.de

Lektorat: Dateiwerk GmbH, Nathalie Röseler, Pliening
Covergestaltung: Kerker + Baum, Hannover
Coverfoto: Getty Images – Shawn Gearhart
Layout: Sehfeld, Hamburg
Satz: PER Medien & Marketing GmbH, Braunschweig
Druck und Bindung: gutenberg beuys feindruckerei GmbH, Langenhagen